風水明師史傳

繼大師 著

風水明師史傳 —— 繼大師著

目錄

自序 …… 五

（一）樗里子略傳 …… 十一

（二）管輅生平略傳 …… 十四

（三）郭璞傳 —— 附郭璞年譜 …… 廿一

（四）一行禪師略傳 …… 四十九

（五）丘延翰風水祖師著《國內天機書》的傳承 …… 五十一

（六）楊筠松風水祖師略傳 …… 五十八

（七）兩位廖禹風水祖師略傳（更新版）……七十
（八）曾文辿風水明師生平……七十四
（九）陳希夷處士略傳……七十九
（十）吳景鸞國師略傳……八十三
（十一）鄧符協風水明師生平考據……八十七
（十二）耶律楚材國師略傳……九十八
（十三）劉秉忠國師略傳及與《平砂玉尺經》……一〇二
（十四）劉伯温國師略傳及與《平砂玉尺經》……一〇七
（十五）目講師（無著禪師）略傳……一〇九

（十六）風水祖師蔣大鴻略傳……一一三
（十七）張心言風水明師生平與《地理辨正疏》……一一九
（十八）馬泰青風水明師生平與《三元地理辨惑》——附馬泰青年譜……一二五
（十九）元祝垚風水明師生平事蹟……一三七
（二十）劉仙舫風水明師略傳與《元空真秘》……一四一
（廿一）吳勵生風水明師生平事蹟……一四七
（廿二）孔昭蘇風水明師生平略傳……一五七
（廿三）呂克明風水明師年譜……一六〇
後記……一七二

自序

繼大師

由於註解歷代三元風水名家經典書籍，涉及的明師很多，於是撰寫多位三元地理明師生平事蹟及簡介。中國歷代風水明師，多不勝數，不能盡述。筆者繼大師只揀選其中有代表性的風水人物，或與其著作有關聯的明師，根據他們的年代編排次序，撰寫成書，名：

《風水明師史傳》

史傳內容有：樗里子略傳，管輅生平略傳，郭璞略傳，一行禪師略傳，丘延翰風水明師著《國內天機書》的傳承，楊筠松風水祖師略傳，兩位廖禹風水祖師略傳，曾文辿風水明師生平，陳希夷處士略傳，吳景鸞國師略傳，鄧符協風水明師生平考據，耶律楚材國師略傳，署名劉秉忠國師撰寫及劉伯溫國師註解《平砂玉尺經》的關係及其略傳，目講師（無著禪師）略傳，風水祖師蔣大鴻略傳及年譜。

由於蔣大鴻將楊公及先賢明師所著作的風水經典編輯成《地理辨正注》一書，以易經六十四卦為主，為三元地理之正宗，後由張心言風水明師疏解及加上易卦圖象，書名《地理辨正疏》，至此為宏揚三元地理風水學問之轉捩點，自此之後，明師輩出，代代有傳人。

是書中間及後面部份之三元地理明師有：

張心言風水明師生平略傳，馬泰青風水明師生平略傳及年譜，元祝垚風水明師生平事蹟，劉仙舫風水明師略傳，劉仙舫傳人吳勵生風水明師生平事蹟，近代孔昭蘇風水明師生平略傳，最後就是筆者繼大師恩師　呂克明先生年譜，以此紀念吾師過去的教導。

是書其中以香港元朗屏山【宋】鄧氏四世祖鄧符協風水明師的生平事蹟極為罕見，張心言、馬泰青及劉仙舫等明師之生平只在《地理辨正疏》、《三元地理辨惑》及《元空真秘》內有提及。劉氏傳人吳勵生等風水明師的個人資料亦非常有限。

筆者繼大師偶然在香港元朗發現吳勵生明師所重修的兩處墳穴，造作水準非常高，故撰寫吳氏一些生平事蹟，與各讀者分享。

作為　呂克明先生徒弟的筆者繼大師，在隨師學習期間，得知恩師一些生平事蹟，及他生前所點穴造葬或重修的墳穴，遂編撰他的活動年譜，以此紀念他的教導。

中國歷代皇帝以儒家思想治國，重用文人雅士，相信風水的當權者，希望藉着風水助力，達到統治國家的目的，使江山世代，不落別人手中，百姓人等不得學習。

當權者又不想鼓吹人民相信風水，故在官方之記錄文件上、史書、文獻等，均沒有將關於風水學問、人物或事蹟作出歷史性的記錄。

【清】乾隆46年，四庫全書總纂官紀昀（紀曉嵐）在編輯《四庫全書》〈子部七〉，楊筠松所著《撼龍經、疑龍經、葬法倒杖》之〈提要〉（見武陵版四庫全書《撼龍經、疑龍經》內第3至4頁。）上云：

「臣等謹案《撼龍經》一卷。《疑龍經》一卷。《葬法倒杖》一卷。舊本題唐楊筠松撰。筠松不見于史傳。惟陳振孫書錄解題。載其名氏。宋史藝文志。則但稱爲楊救貧。亦不詳其始末。

惟術家相傳。以爲筠松名益。贛州人。掌靈臺地理。官至金紫光祿大夫。廣明中。遇黃巢犯闕。竊禁中玉函秘術以逃。後往來于虔州。無稽之談。蓋不足盡信也。……」

他說：「筠松不見于史傳。……無稽之談。蓋不足盡信也。」

在唐朝，除了皇帝恩准外，欽天監及國師不得在民間造葬及傳授風水，例如丘延翰風水明師在民間造葬風水後，即被唐玄宗皇帝通緝並追捕他。

這些事件，正史沒有記載，只有部份風水書籍作一些記錄，這事件錄自於吳景鑾國師撰寫給宋仁宗的《吳景鸞陰陽天機書表》，表內有詳細述說風水秘本《天機書》的來歷及去處。

大部份風水明師的記載，只出現在個別的風水經典著作上，加上在民間以訛傳訛，神化了風水的力量。帝皇最忌風水明師給民間個別人士造葬風水，恐怕取代他的皇位而引致改朝換代。

元末有道士師徒二人在楊家墩處，為朱初一點出帝皇之地。造葬後半年，其子朱世珍妻子懷孕生朱元璋，為明代開國皇帝。【明】王文祿在嘉靖辛亥（1551年）冬十月撰有《龍興慈記》，內有記載此事。

相傳秦始皇做了七個金色人像，放在不同地方，以鎮壓當地的風水，又在南京峴山的地方挖掘深坑灌以江水，破壞出天子之地，故南京之前名為「金陵」，其目的是鞏固王位。

壞處就是破壞別處風水，好處是以自己得到好風水地能一統江山，楊公曾說過，好的大地，是留與王侯鎮家國用的，平定一國的動亂，不致四分五裂，能使天下太平。

風水學問，是宇宙大自然在地球上自然規律的變化，自然而然地衍生，孕育眾生，產生吉凶禍福。

中國古人經過無數代人遺留下來的大地智慧，非個人之創作，他們一點一滴地，將風水尅應的吉凶記錄下來，把大地智慧的文化延續。

若沒有風水明師的出現，相信中國會像歐洲一樣，四分五裂，不能成為一個統一的大國，風水明師確實功不可沒。風水明師的歷史，學習風水的人，不可不知也。在此，本人向歷代風水明師作至高的敬禮。

繼大師寫於香港明性洞天
壬寅年季冬吉日

（一）樗里子略傳

繼大師

樗里子是古代著名的風水明師，他最出名的著作就是《風水口義》，句句真珠，簡單而清楚，意義深詳，值得研讀。其中云：

「生氣之乘。視風水之來去。水去則風來。水來則風去　。風來凶。水來吉。」

他比郭璞還早，此即是「**得水為上**」之理，這「**視風水之來去。**」就奠定了「**風水**」這個名詞，一看即知是什麼。這就是「**風來凶。水來吉。**」的風水至理名言。

樗里子，名疾，生於公元前三百多年（？－公元前 300 年），末於秦昭王七年（公元前 300 年），與秦惠王同父異母，母親是韓國人（今山西人），樗里子（樗音書）所居住的地方有大樗樹，故以此為名。樗里子能言善辯，為人滑稽，足智多謀，秦人稱他「智囊」。

秦惠王八年（公元前 330 年）封樗里子為「右更」的官位，並派遣他率兵攻打魏國曲沃，將土地併入秦國。更元七年（公元前318年），楚、燕、韓、趙、魏聯兵攻秦，庶長樗里子率秦軍破敵於函谷關，五國兵敗而逃。次年又擊敗趙、魏、韓軍於修魚（今河南原陽西南），斬首八萬二千，俘虜韓軍將領「申差」。

更元十一年（公元前314年），樗里子率大軍攻降魏國焦地（今河南三門峽西），又大敗韓軍於岸門（今河南許昌西北），斬首萬人，韓送太子倉入秦為人質。次年率大軍攻趙，俘虜大將莊豹，取藺縣（今山西離石西）。

更元十三年（公元前312年），與魏章等率軍大敗楚軍於丹陽（今個河南西峽西），俘虜其大將屈丐，斬首八萬，繼而取楚漢中地，置漢中郡。又率兵助韓國攻齊國，以功積封於嚴道，爵號「嚴君」。

秦惠王死後，太子秦武王即位，驅逐張儀與魏章，而任用樗里子與甘茂為左右丞相，派遣樗里子率領百輛車子進入周朝王城，周王與軍士列隊來歡迎他。

秦昭王七年（公元前 300 年），樗里子去世，埋葬在渭水南岸章台的東邊，死前曾說：**「一百年後，在這裏一定會有天子的宮殿夾着我的墳墓。」**

樗里子的住家在昭王廟西邊渭水南岸的陰鄉樗里，因此世人稱他為「樗里子」。到了漢朝興起，長樂宮在他的東面，未央宮在他的西面，儲藏軍械的府庫正對着他的墳墓。所以，秦國人有句諺話說：**「力則任鄙**（任鄙爲秦國的力士）。**智則樗里。」**

樗里子精於風水陰陽五行之術，著有**《風水口義》**（錄於《珍藏古本堪輿祕笈奇書》第 685 至 693 頁）。

繼大師註：讀者若想詳細了解樗里子之生平，可參閱「《韓非子外儲右上》〈史記七一〉《樗里子傳》。」而秦昭王即昭襄王，是秦始皇的父親，換句話說，樗里子就是秦始皇的祖先，故不排除樗里子將其祖先兄弟葬在得風水之大地上，而蔭生秦始皇以致統一天下。

《本篇完》

（二）管輅生平略傳

繼大師

管輅字公明，山東平原人，生於建安13年，卒於正元二年二月（公元208年至256年），其容貌醜陋，無威儀，喜愛飲酒，但從來不酒醉，只持酒以禮待客人。年八、九歲，便喜歡仰視天上星辰，遇上人們，便常問他們的名字，夜間不肯睡覺，父母常阻止他，並勸他去入睡，但未成功。

管輅自言：「**我年紀雖小，然眼中喜歡仰視天文，且家中的雞及野外的鵠，尚且知道時日，何況是人呢！**」

當與鄰居的兒童嬉戲時，常在地上土壤中，劃地作天文及日月星辰。每每在言談中，語皆不常，學者及老人皆不能説服他，且知道他有大異才能。

當長大成人後，果然明白周易，仰觀天文星像，於卜筮占相之道，無不精微，對博大精深之玄學，多有所領受，對於憎恨自己的人，並沒有仇恨他。對於喜愛及欣賞自己的人，並不褒獎他，時常以德報怨，常說以忠孝信義為做人之根本，以謙厚為本，不着重外表。自言：

「知我少者。則我貴矣。怎能將切斷江漢流水的聲音。化為激流沖石時的清樂呢。情願與志同道合之人一同論道。亦不欲與不同道之人同舟。此乃本人之志向也。」

管輅事父母孝順，兄弟順愛，士友皆仁和，對人誠懇，發自愛心，始終如一，好壞之人，與他相處之下，最終也佩服他。父親在山東琅邪（今山東膠南諸城縣一帶）為「丘長」，十五歲時，來至官舍讀書、讀詩、論語及易本，不久便開始寫作，其辭義有文彩，時在學校內，有遠方及國內諸學生四百餘人，皆佩服其才學。

琅邪太守單子春，有才學，聞管輅在學校有聲名，欲想接見他，管輅之父親差遣他去造訪單子春，單太守請賓客百餘人同宴，其中不乏有學識及能言之士。管輅對單子春說，自己年少，膽色未夠堅剛，賓客有雄貴之姿，恐怕有失精神，要求單子春太守先給三升清酒，以壯膽量。

飲過清酒後，管輅在上座與四座之士子論易，陰陽五行、鬼神之情，對答如流，且能引用古人聖賢之經論，陳說秦漢之事，其說法皆出於自然，座下眾士皆齊發言。管輅以一少年而對應百多名論易之學者，一一對答，從善如流，而皆有餘，由早上至黃昏，皆未曾進食。

單太守對眾人謂，此少年甚有材氣，聽其言論，正似司馬犬子遊獵之賦，言論磊落雄壯，英明神武，能明白天文地理變化之數，不是徒有虛名及空言之談也，其論言之有物。此後管輅聲名大噪，在徐州號有神童之稱。（今之徐州，在江蘇省之北端，近山東省邊界，古時徐州仍屬山東琅邪之地域。）

由於管輅占卜如神，能預知未來，故此令不少人們時常求管輅占算未來，時值東漢末年，兵荒馬亂。一日，管輅隨軍西行，經過母親墳墓，他在墓側之大樹處哀吟，精神不樂，人們問其原因，他說：

「樹木雖然茂盛，但其形狀不可長久，碑上之哀詞雖美，但無後代子孫守後；元武藏頭，蒼龍無足，白虎銜屍，朱雀悲哭，四方八面知危機已備，法當滅族，不過兩年。」

正元二年，其弟管辰對管輅說：「大將軍待你那麼好，你是否有富貴呢？」

管輅自嘆曰：「**我自知道也，然而天給我才能，但不給我年壽，恐怕四十七八間，不能見女兒嫁人，兒子娶媳婦也。若想避免此災劫，可作洛陽令官，使路不拾遺，枹鼓不鳴，但恐怕只能泰山治鬼，不得治生人。**」

管辰再問其原故，管輅答曰：「**我額頭上沒有生骨，眼裏沒有眼神，鼻無梁柱，脚無足后跟，背無三甲，腹部並不圓厚，此皆非長壽之相。我本命在寅，在月蝕之夜出生，天有常數，不能逃避，但人們不知，我前後會給百多人看相，他們命中注定當死，皆一一應驗也。**」

是年（正元二年，公元256年）管輅任「少府丞」一職（稅收之官），明年二月卒，享年四十八歲。

管輅著有《管輅指蒙》、《管虢詩括》。

繼大師註：管輅略傳出自於《三國志·魏志·管輅傳》「輅」音路，古代車轅上用來挽車的橫木。「虢」粵音古伯切（gwik）周朝諸侯國名。在《珍藏古本堪輿秘笈奇書》（士林出版社，卷六，第567頁），內錄有**《昭烈問答》**，是漢蜀劉備在三分天下後，定都西蜀時，向諸葛孔明詢問關於風水用於建國等談話，內容有提及管輅。筆者繼大師節錄如下：

臣（指孔明）布衣躬耕。與平原管輅。素相友善。管輅得神授。深明天文易學。善風鑑人物。尤河曉地理。世呼為神。……所著《管氏指蒙》、《管虢詩括》。可為形家格言。先主曰（指劉備）：此人（指管輅）目今在曹魏部下。倘與擇地。則奸愈橫。將如之何？

對曰（指孔明）：「自古賢哲。皆不肯違天以助逆。且其人好酒疏狂。容貌甚醜。額無主骨。眼無守睛。鼻無梁柱。脚無天根。背無三甲。腹無三壬。臣（指孔明）觀此人（指管輅）。只可泰山治鬼。不能治人。無足憂也。……」

以上選段談話內容，筆者繼大師解釋其要點如下：

（一）孔明是認識管輅的，且知他深懂天文地理，占卜風水易學，並著有《管氏指蒙》、《管虢詩括》等書，而當時管輅以懂占卜風水出名，為天下人所認識。

（二）劉備知管輅深懂風水，又在魏國為曹操之部下，怕他以占卜及風水助奸雄而致蜀國有損。

（三）孔明以管輅之相貌，說出他好酒及身體長相有凶險，可治鬼而不能治人，以此安慰劉備，無需擔心。

這段談話內容，其中形容管輅相格之語，與《古今圖書集成》——博物彙編藝術典第 559 卷卜筮部第 467 冊之 34 頁內記載之〈魏志〉管輅自述自己之樣貌內容一樣。

管輅是個知天命之人，亦知道自己的壽命，又言：

「吾本命在寅。加月蝕夜生。天有常數。不可得諱。」

此話說後，翌年二月離世，為公元 256 年，時年 48 歲。

至於《昭列問答》內容有關管輅之語，其真實性，無從稽考，但於時勢及命運之下，管輅只有附於魏國為曹操之部下。

無論如何，管輅都是一個知天命的人，雖沒有郭璞那樣出名，但其占卜及風水學說，足以影響後世，為一代風水明師，為楊筠松及蔣大鴻等明師所推崇，並與郭璞齊名，古稱「管郭」是也。

《本篇完》

（三）郭璞略傳

繼大師

此郭璞略傳是根據《中國方術全書》第560卷《卜筮部名流列傳》〈二〉（上海文藝出版社，【清】蔣廷錫等編）所撰寫。

依照《晉書》〈郭璞傳〉所說，郭璞，字景純，生於晉武帝司馬炎咸寧二年（公元276至324年）河東聞喜縣人（註一），父親郭瑗，是晉之尚書都令史，時有尚書杜預（註二）若在管治條例上有任何增加或減少，郭瑗若對朝廷的決策有異議，多上書而修正之，以處事公正及中規中矩而著稱，終於建平（今四川省巫山縣）。

郭璞官至臨賀太守（地方防衛之官員），好經書、五術等，博學有高才，性格沉默寡言，不多言論，其詩詞歌賦堪稱，令國家當時之文學再復興盛，他功勞居首位也。

郭璞好讀古文及奇異之術，善於陰陽算曆，時有一郭姓之先生，寄居於河東作客，他精於卜筮，能預知未來之事情，郭璞即跟隨他學習，郭姓先生以《青囊中書九卷》教授之，由於這樣，郭璞便洞悉陰陽五行、天文、卜筮之術，能化解災厄，轉禍為福，能到通達境地，無一固定的方法，雖京房、管輅（占卜及風水名家）亦不能超過他。

郭璞之門人趙載曾偷竊他的《青囊書》，在未及時閱讀下，是書即遭大火所焚，晉惠帝（司馬衷）與晉懷帝（司馬熾）之時（公元 290 至 312 年），山西省河東（今山西省南端與河南省北端之間）有所擾攘。郭璞占卜之，把書擲在地上而歎曰：

「中原的老百姓，將被外族所統治，農地將被移為平地而荒廢。」

於是暗中團結數十家人，一同往東南逃難，抵達趙固將軍所管轄的地方，剛好趙固所乘之良馬死掉，趙固甚為痛惜，於是不接見外來賓客，剛郭璞到，看門之官吏不為他通告。郭璞曰：

「我能使趙將軍之死馬活過來。」

門官驚駭，入內告知趙固，趙固出來曰：「先生能否救活我的馬匹？」

郭璞曰：「找壯丁二三十人，各持長竹竿，東行三十里，有山丘樹林之社廟，便以竹竿打拍之，當會得到一物，宜急急把它帶回來，則此馬復活矣。」

果然如郭璞所說，得到一物如猴子，此猴子形之動物，一見死馬，便吹呼其馬鼻，立刻之間，馬匹站立起來，迅速大聲地嘶鳴，進食如常，再不見那像猴子之物。趙固覺得甚奇，於是賞以郭璞厚資。

郭璞行至廬江（**安徽省廬江縣，近巢湖之南。**）明、清屬廬州府（**今屬合肥市。**）太守（**地方防衛長官**）胡孟康被丞相召為「軍諮祭酒」一職，負責準備南下，攻打江南地區。此時，江南一帶正值太平盛世，胡孟康很放心，故此無心派兵南下攻伐。

時郭璞為他的謀士，郭璞為胡氏占卜，其結果是會失敗的，胡不信，郭璞便想急忙離開他，但因為愛上胡家中的一名奴婢，沒法得到，於是乃取小豆三斗重，繞著主人之家宅撒下小豆。主人胡氏在晨早時間，見有數千個面上現出凶惡之相的赤衣人圍着其家，一見赤衣人，他們隨即消逝，胡氏請郭璞占卜之，郭璞曰：「主人家中不宜養此婢女，可於東南二十里處，把奴婢賣掉，慎勿爭價，則此妖可去除。」

主人胡氏相信郭璞之言，並依他的說話而行事，郭璞暗中命人以低賤價錢買下該奴婢，再以靈符投於井中，數千赤衣人，皆自反縛而一一自投於井中，主人胡氏大悅。郭璞隨即攜帶該名婢女離去。

數十日後，盧江被攻陷，郭璞過長江至宣城，（今安徽省之東南方，安徽省之長江段與西江及浙江之間。）其太守（地方防衛長官）殷祐所推薦，郭璞出任參軍，時有一物，大如水牛，灰色矮腳，腳似大象，其胸前及尾上皆是白色，大力而遲鈍。

此物來到城下，眾人皆感驚訝，殷祐太守派人埋伏及取捕之，命郭璞占卜之，占出水雷遯卦、山風蠱卦，其卦曰：「艮卦為體，連乾卦。」其物強壯而巨大，是山中及水中之動物（兩棲動物，匪兕虎，兕音此，獸名，形似牛，不似兕，又不似老虎。）身形類似南方七宿中之鬼金羊及井木犴，（註二）二精物在南方午宮，理當為禽類，（因南方屬朱雀七宿，飛禽之獸也。）兩翼不能伸展，其中一翼被創受傷，牠便遷回自己的巢穴按卦象名之，應該是驢鼠。

剛好卜完了卦，埋伏的人，以戟刺此獸物，深入體內尺餘，獸物逃去，不見蹤影。郡縣之長官上到祠廟中，請求殺之，但卦象說廟神不悅，因為是邛亭之驢山君鼠，（邛音恭，邛亭爲邑中之山名，在彭蠡，卽彭蠡湖，爲鄱陽湖之古稱。）到荊山而暫時路過此地，可毋須理會，其卜卦之精妙如此。

宣城太守殷祐，調任為石頭督護，（今在江蘇省南京市以西。）郭璞再度跟隨他，當時有鼯鼠走出延陵（今江蘇省武進縣，在丹陽之南。）郭璞占之，並說此郡之東，當有妖人，若有人說能制服他，亦會被妖人所殺，然後當有妖樹生。

樹之形態，似吉祥而非吉祥，是刑誅之樹木也。若有這些東西，東南數百里，必有人作亂叛逆，將於明年發生。

江西無錫忽然有茱萸四株，四樹交枝而生，作連貫之狀，其年發生有強盜殺戮事件。吳興（今浙江省嘉興縣西，秦時爲烏程縣，三國時爲吳興郡。）太守袁琇向郭璞問事，郭璞說，卯爻（十二地支中的卯，爻是六爻，爲一六重卦，卽六十四卦之一。）發而金氣相尅，此卯木不曲直而成災也。

當時王導（註四）深深器重郭璞，推介他為元帝司馬睿參與軍事，嘗令郭璞卜卦占算。一日，郭璞對王導說，他會有被震碎之災厄，可命人駕車西出，往數十里，得一柏樹，截斷它，取其如身體長度，長期放置在睡覺的地方，災厄可消。

王導聽從郭璞所說，數日後，柏樹果然震至粉碎，時元帝初鎮建都於鄴縣（鄴音業，今在河南省安陽市一帶。）命郭璞占卜之，得澤山咸卦，變二及四爻，為水風井卦。郭璞曰，東北方郡縣，其姓名有「武」字者，當出掌鐸者而掌握兵權。（鐸是古代的一種大鈴，宣佈政教法令，或遇戰事時使用。）西南方郡縣，其名有陽字者，其井將會沸騰（或是温泉）。

其後在晉陵（今江蘇常州市）武進縣人，於田中發現銅鐸五枚。在歷陽縣中，有井水沸騰，經數日始停，至元帝為晉王時，又令郭璞卜筮，得雷地豫卦中之火澤暌卦。

其象曰，會稽（今浙江紹興）當出一鐘，此時國家大業大功告成，鐘上刻有功勳的字句，應當在人家井泥中尋得，其刻辭所謂先王創作音樂之目的，是崇尚道德，舉薦給萬民。

元帝即位，於太興年初（公元318年），在會稽剡縣（剡音蟬，今浙江省嵊縣。）果然有人於井中尋得一長鐘，長七寸二分，口徑四吋半，上刻有古文十八字，云：「會稽嶽命」，餘下字句，眾人不識。

郭璞曰：

「由於王者之作事，必有靈符塞天，人之心與神物契合，然後可以說是受命於天也，試看這五鐸（大鈴）發出聲音於晉陵（今江蘇常州市），而棧鐘（小鐘）告成於會稽（浙江紹興），並沒有失去吉祥的兆頭，此類事情皆有考據，豈不偉大嗎！而大鈴發出響亮的鐘聲，考據其象徵着器物，是顯示暗喻日常生活之事，實在是天與人之間的相應，不可不察。」

元帝甚器重郭璞，郭璞著有〈江賦〉，其辭雄偉，為世人所稱讚，後再作〈南郊賦〉，元帝見後嘉獎之，任命為著作佐郎。

當時陰陽錯繆，日蝕、月蝕、大雨、風災、地震等天災人禍頻生，刑獄之事特多，動不動即判官民入獄，郭璞即上表疏文，啟奏於元帝。其疏文內容大致是說，國家所產生的種種現象及天災人禍，是因為刑獄特多，及任意用刑，冤獄又多，法令不一，以致怨氣沖天，宜多赦過宥罪，不可任意用刑。

審察善惡，以忠信禮義為本，又舉出多個用刑案例，及說出天瑞異象以作警告，又說出赦免罪過不宜多次使用，要用得其法，並建議改年號，分別是「建武、大興、永昌」等。不久郭璞任尚書郎一職但往往不說多話，只說數語，便對元帝有很多益處。

晉明帝（司馬紹，公元323至325年在位。）做太子住在東宮時，與溫嶠及庾亮在未有功名時是相交好友，郭璞以才學良好而彼此互相欣賞。雖然溫嶠（註五）及庾亮（註六）之言論美麗，但其心性輕易，不修威儀，嗜酒好色過度，郭璞時為「著作郎」（官職），對明帝常告誡之。

郭璞好卜筮，而有名望之人士多取笑之。時郭璞笑曰：「鷦鷯（鷦鷯音焦聊，鳥名，形體小，約十厘米長。）不可與論雲翼。井蛙難與量海鰲（鰲音遨，即大海龜。）

晉元帝永昌元年（公元 322），元帝皇孫出生，郭璞上疏奏章，其內容是勸晉元帝以慶祝皇孫之出生而大赦天下囚犯，然後賞罰分明，肅整官紀，國家必臻禎祥，元帝接納郭璞所奏，時即大赦，改年號永昌。

時有暨陽（江蘇省江陰縣）男人名任谷，因耕田而棲息於樹下，忽然有一人，穿着羽衣，（註：以羽毛織成的衣服，常稱道士或神仙所著衣爲羽衣，道士的代稱；輕盈的衣衫；指《霓裳羽衣曲》等。）與他行淫事，後不知所踪，任谷便有身孕，數月後將生產，羽衣人又來，以利刀插穿其下體，陰部有一條蛇走出，後不見。不久此任谷成為太監，後上書元帝謂自己有道術，帝留他在宮中。

郭璞復上疏，說任谷之所為是妖物異類，並應以遵典刑法例及禮法為重，不應怪力亂神，應敬而遠之，以聰明正直為神，以蠱詐妄者為妖。於公元 322 年，晉元帝駕崩，任谷便離去。

郭璞因母親逝世，於是去職，與母親在暨陽（江蘇省江陰縣）卜葬穴地，墳穴距離江水約百步遠，欣賞這墳穴的人，以墳穴近水傳為佳話。郭璞預言墳前之水將變成陸地，其後墳前之水因沙漲堆積，後離墳前十里，皆為桑田。

此墳葬下未及一年，王敦（註七）崛起造反，在未造反之前，郭璞曾為他的記室參軍，是時潁川（今河南省中部及南部地方）陳迹為大將軍，享有美名，為王敦所重用，未幾即逝世，郭璞痛哭，且甚悲傷，呼叫說：「嗣祖嗣徂。焉知非福。」

未幾王敦造反作難，時晉明帝即位已超過一年，年號未改，而熒惑之星守着房宿。（繼大師註：熒惑 ── 火星之別名，主出則有兵，入則兵散。房宿 ── 廿八宿之一，屬東方蒼龍七宿的第四宿，星有四顆，全名是「房日兎」是吉星。）時郭璞已退休歸家。

明帝乃遣使者詔問他，郭璞會吾使者於暨陽縣（江蘇省江陰縣），並說有赤烏出現，（赤烏爲傳說中預示吉凶禍福的神烏。）乃上疏明帝，請求改年號，後改為「太寧」。

郭璞曾經為人卜葬，明帝微服出巡，到卜葬處觀看，問主人何以葬在龍角上，這樣做法，可被皇帝滅族。

主人謂郭璞說：「這卜葬在龍角上，不出三年，當致天子到。」

明帝曰：「這穴地是出天子的嗎？」

答曰：「能令天子到來詢問也。」明帝甚驚異也。

公元323年，東晉明帝太寧元年，郭璞曾為温州開城立局，東晉時北方戰亂，郭璞從山西避亂南下，客寓温州，又剛逢永嘉設郡，並請郭璞選址立城。

（繼大師註：温州，古爲甌地，温州在春秋時代屬於越地，秦屬閩中郡，漢初爲東甌國，後屬會稽郡，唐上元二年（公元675年）分括州置温州，以地在温嶠嶺南而名，宋廢，元置温州路，明、清爲温州府治，公元1912年廢除。

鹿城建城之初，郭璞剛好在温州，他登臨西廓山，並建議跨山築城，後來温州人視郭璞爲開城鼻祖，並將西廓山改爲郭公山，並在山下建郭公祠，西面山脚之金沙嶺脚直達甌江邊沿，山脚有白蓮塘，郭公山臨江處建了富覽亭。公元 2008 年正月市政府在郭公山南邊的小廣場上建立一座郭璞雕塑，以作紀念。）

郭璞登上西廓山（現爲郭公山，甌江出水口砂的温州島以北 22 公里。）勘察地形，有楠溪江，由北流向南方，滙入甌江，甌江由西北方繞來，兩江相交，經前沙之沙丘及靈昆島向東流出東海。

郭璞發覺甌江北岸土質輕薄，泥土鬆散，是沉積而成的沙石泥土，甌江南面地質較厚，適合建城。郭璞見其地點有七山環繞，東北有海壇山，西北有郭公山，西南有松台山，東南有積谷山，華蓋山在東，南方有巽吉山、黃土山、仁王山及靈官山，五山在北，四山在南，形如北斗七星。

華蓋山在水口方，為下關砂，關鎖着整個大局，為華蓋山鎖斗口。於是郭璞設城於甌江南岸，是北斗頭部中心處，故温州又稱斗城。

郭璞在溫州城內開鑿了108口水井，以應天地之數，又有城內開了五個水塘，引甌江之水灌入塘中，引水流之生氣入城，這樣可是城市免於刀兵之劫，意寓「寇不入斗城」也。郭璞認為若於甌江北岸建成市，雖然富貴繁榮，但不長久，易犯刀兵劫難。

溫州市在壽桃山與白雲山之間，坐南向北，收甌江與楠溪江二水，逆水大局，前沙及靈昆島為城市的下關砂。壽桃山為城市的主要靠山山群，亦是下關水口砂，與北岸群山為捍門守水口，大局緊聚。

郭璞一向與桓彝（註八）甚為老友，桓彝每次造訪郭璞，剛值他在廚房內，桓彝直入內找他，郭璞說：「你來這裏，可從正門而入，但不可從廁所上找我，若是這樣，你必有災殃。」

不久，桓彝因到郭璞家裡時喝醉酒，正逢郭璞在廁所內，桓彝掩開廁所門，見郭璞裸身被髮，口裏含着一把刀，設有祭祀時所用之酒及祭品，郭璞一見桓彝，撫心大驚，說：「我每次吩咐你勿來廚房、廁所找我，現反而變本加厲，非但帶來我有禍害，你亦難免有禍患，天意是這樣，能將歸咎於誰人呢！」

郭璞終於遭逢王敦之禍，桓彝亦被蘇峻之屬下韓晃在攻打涇縣時而被殺，皆因王敦謀反叛逆明帝也。

温嶠（見註五）及庾亮（見註六）請郭璞占卜晉國的吉凶，郭璞對着他們而猶豫不決，庾亮再請郭璞占算自己的吉凶，郭璞曰：「大吉」。

温嶠及庾亮離開郭璞後互相訴說：「郭璞對晉國之吉凶不是不能說，而是不敢言明，或是天將收奪王敦之魂魄，今我們與國家共舉大事，而郭璞說是大吉。」有份參與求郭璞占卜國事姓崇之人，將郭璞推介於王敦。

王敦將舉兵攻打晉明帝，又令郭璞占卜之，郭璞說不能成功，王敦固然懷疑郭璞對温嶠及庾亮兩人之占算結果，又聞自己之卦是大凶之象，乃問郭璞曰：「你試占我的歲壽有幾多。」郭璞答曰：「卦象已清楚地顯示，你若起兵用事，災禍不久便生，若到武昌（湖北省武昌府），歲壽不可測。」

王敦大怒，便說：「你知不知道你的歲壽有幾多?」

郭璞答曰：「我命盡於今日日中。」

王敦將郭璞收監，並押往南岡斬首。郭璞臨出發時問行刑者往何處。

答曰：「往南岡頭。」

郭璞曰：「必在雙柏樹下行刑。」

當到達南岡頭，果然見有兩棵柏樹，郭璞説：「樹上應有大鵲巢。」眾人尋不着，在郭璞之指引下，眾刑吏果然於樹枝之間尋得一大鵲巢，因為樹葉密而遮蔽了它。

郭璞在事業之中興初期，一日行經越城之間，遇上一人，即稱呼其姓名，從衣袋中取出一文件交給他，其人不肯接受，郭璞曰：「即管取去，日後自當知道。」其人於是收受而去。到此，執行行刑之人，就是當日郭璞所交予文件之人，郭璞死時四十九歲。

郭璞占算如神，能預知未來，面對個人之生死大事，並不畏縮，亦不逃避，接受自己命運氣數，撰有卜筮証驗六十餘事，名為《洞林》，又抄京房、費直等諸家撮要，撰寫《新林十篇》、《卜韻一篇》，又註釋《爾雅》，名為《音義圖譜》，又注《三蒼方言》、《穆天子傳》、《山海經》、《楚辭》、《子虛》、《上林賦》等十萬言，皆傳於世，所作《詩誄頌》（誄音呂，是敘述死者的功德，以示哀悼。）亦數萬言，官至臨賀太守。

繼大師（註一）：河東聞喜縣在黃河流經山西省境內 ，自北而南，故稱在山西省境內黃河以東的地區為河東，聞喜縣屬於山西省，春秋時，屬晉之曲沃地，秦改為左邑，漢武帝經此，聞破南粵之地，因而置聞喜縣，屬河東郡，隋朝改為桐鄉縣，唐朝改回聞喜縣，此名歷代沿用，除郭璞外，邱延瀚地師亦是聞喜縣人。

（註二）：杜預，公元 222 至 284 年，晉京兆杜陵人，今陝西省西安市東南，為河南尹度支尚書，極度贊成討伐吳國，繼羊祜都督荊州諸軍事，為鎮南大將軍。（羊祜爲晉南城人，封鉅平侯，都督荊州諸軍事達十年，籌劃滅吳國。）

駐守襄陽城時徵發民工，興修水利，灌田萬餘頃，被稱為杜父。太康元年（公元280年）率兵滅吳國，以功封當陽縣侯，博學多才，有謀略，人稱杜武庫。

（註三）：周天360度，每方為90度，分東、南、西、北四方，每方有七顆星宿，共28宿。東方為蒼龍七宿，南方為朱雀七宿，西方為白虎七宿，北方為玄武七宿，各有所屬之五行及日月天象，各似不同神獸之星座，其名稱如下：

東方為蒼龍七宿——角木蛟、亢金龍、氐土貉、房日兔、心月狐、尾火虎、箕水豹。

南方為朱雀七宿——井木犴、鬼金羊、柳土獐、星日馬、張月鹿、翼火蛇、軫水蚓。

西方為白虎七宿——奎木狼、婁金狗、胃土雉、昴日鷄、畢月烏、觜火猴、參水猿。

北方為玄武七宿——斗木獬、牛金牛、女土蝠、虛日鼠、危月燕、室火豬、壁水㺄。

（**註四**）：王導是晉臨沂人（今山東省嶧縣東北，臨沂，意取沂水與祊水相會之處。）字茂弘，事元帝（東晉皇帝名司馬睿，公元 317 年至 323 年。）於潛邸，雅相器重，他知道天下將亂，勸元帝收納賢人俊士，共圖國事。

於元帝即位後，任為丞相，號曰仲父，元帝駕崩後（公元 323 年），受遺詔輔明帝（司馬紹，公元 323 年至 326 年。）後又受明帝遺詔輔成帝（司馬衍，公元 326 年至 342 年。）歷事三朝，忠奮自勵，官至太傅，死後追封為文獻。（東晉共十一個皇帝，元帝為首，恭帝為末，由公元 317 年至 420 年。共 104 年。

（**註五**）：温嶠字太真，晉太原祁縣人，公元 288 年至 329 年，為劉琨右司馬，明帝即位時（公元 323 年）拜侍中轉中書令，與庾亮等討平王敦，後歷陽太守蘇峻等作亂，温嶠苦心調停於庾亮、陶侃（音旱）兩人之間，在平亂温峻等人作亂時殉難（公元 329 年），官至驃騎大將軍，死後追封忠武。

（註六）：庾亮字元規，東晉穎川鄢陵人，公元 289 年至 340 年，好老莊學說，善於談論，歷任東晉元帝、明帝、成帝三朝，成帝初，以帝舅為中書令，掌握朝政，鎮將蘇峻及祖約反叛作亂，庾亮逃走，推舉荊州刺史陶侃為盟主，擊滅蘇峻等人後，陶侃死，便代替他鎮守武昌，擬北伐，為郄鑒等人所阻，未成功也，死後追封文康。

（註七）：王敦，公元 266 年至 324 年，晉臨沂人（今山東省嶧縣東北），字處仲，娶晉武帝（司馬炎）之女襄城公主，官拜駙馬都尉。晉元帝（司馬睿）渡江，王敦與堂兄王導，同心同力，目標一致，授鎮東大將軍兼都督六州諸軍事，後為江州刺史，不久升為荊州刺史。

王敦既得志，擁兵不朝，意欲脅制朝廷，以沈充及錢鳳為謀士。永昌元年（公元 322 年），以誅殺元帝親信劉隗等為名，起兵造反，東下攻陷石頭，（今江蘇省南京市西石頭山後）入朝自為丞相。元帝死，王敦退兵於姑孰，（今安徽當塗縣，離南京市西約九十公里。）晉明帝太寧二年（公元 324 年）再次造反，兵入江寧（今江蘇省南京市南郊），途中病死，其部下崩潰，戮屍懸其首於市內。

（註八）：桓彝，（公元 276 至 328 年）晉譙國龍亢人（今在安徽省懷遠縣西），字茂倫，與郭璞是知己。元帝時為吏部郎，明帝時，王敦專朝政，桓彝參與討伐王敦謀議，以有功勞而封為萬寧縣男，後任宣城內史，蘇峻起兵反晉，桓彝固守涇縣（今安徽省寧國府），城陷為蘇峻部下大將韓晃所殺。

《西晉皇帝列表》 265 年 － 316 年

武皇帝，司馬炎 —— 公元 266 － 290 年，有四個年號：

泰始 266 － 274

咸寧 275 － 280

太康 280 － 289

太熙 290 － 290

孝惠皇帝，司馬衷 —— 公元 290 － 301 年，有兩個年號：

永熙 290 年 － 302 年

永寧 302 年。

睿皇帝，司馬倫——建始 301，公元 301 年。

孝惠皇帝復位——公元 301 － 306 年，有兩個年號：

太安 302 年 － 306 年

光熙 306 年 － 307 年

孝懷皇帝，司馬熾——公元 307 年 － 313 年，年號為：永嘉，307 年 － 313 年。

愍帝，司馬鄴——公元 313 － 316 年，年號為：建興。

《東晉皇帝列表》 317 年 － 420 年

中宗，晉元帝，司馬睿，公元 317 年 － 322 年，有三個年號：

建武 317 年 － 317 年

太興 318 年 － 321 年

永昌 322 年 － 323 年。

由於王導深深器重郭璞，推介他為元帝司馬睿參與軍事。（元帝 —— 公元 317 年 － 322 年）

肅宗，明帝，司馬紹，公元 322 年 － 325 年，年號為：太寧 323 年 － 326 年。

顯宗，成帝，司馬衍，公元 325 年 － 342 年，有兩個年號：

咸和 326 年 － 334 年

咸康 335 年 － 342 年。

康帝，司馬岳，公元 342 年 － 344 年，年號：建元，公元 343 年 － 344 年。

孝宗，穆帝，司馬聃，公元 344 年 － 361 年，有兩個年號：

永和 345 年 － 356 年

升平 357 年 － 361 年。

寧宗，哀帝，司馬丕，公元 361 年 － 365 年，有兩個年號：

隆和362年－363年
興寧363年－365年。

廢帝，司馬奕，公元365年－371年，年號：太和366年－371年。

太宗，簡文帝，司馬昱，公元371年－372年，年號：咸安371年－372年。

烈宗，孝武帝，司馬曜，公元372年－396年，有兩個年號：
寧康373年－375年
太元376年－396年。

安帝，司馬德宗，公元396年－418年，有三個年號：
隆安397年－401年
元興402年－404年
義熙405年－418年。

恭帝，司馬德文，公元418年－420年，年號：元熙419年－420年。

郭璞故鄉 — 河東聞喜縣圖

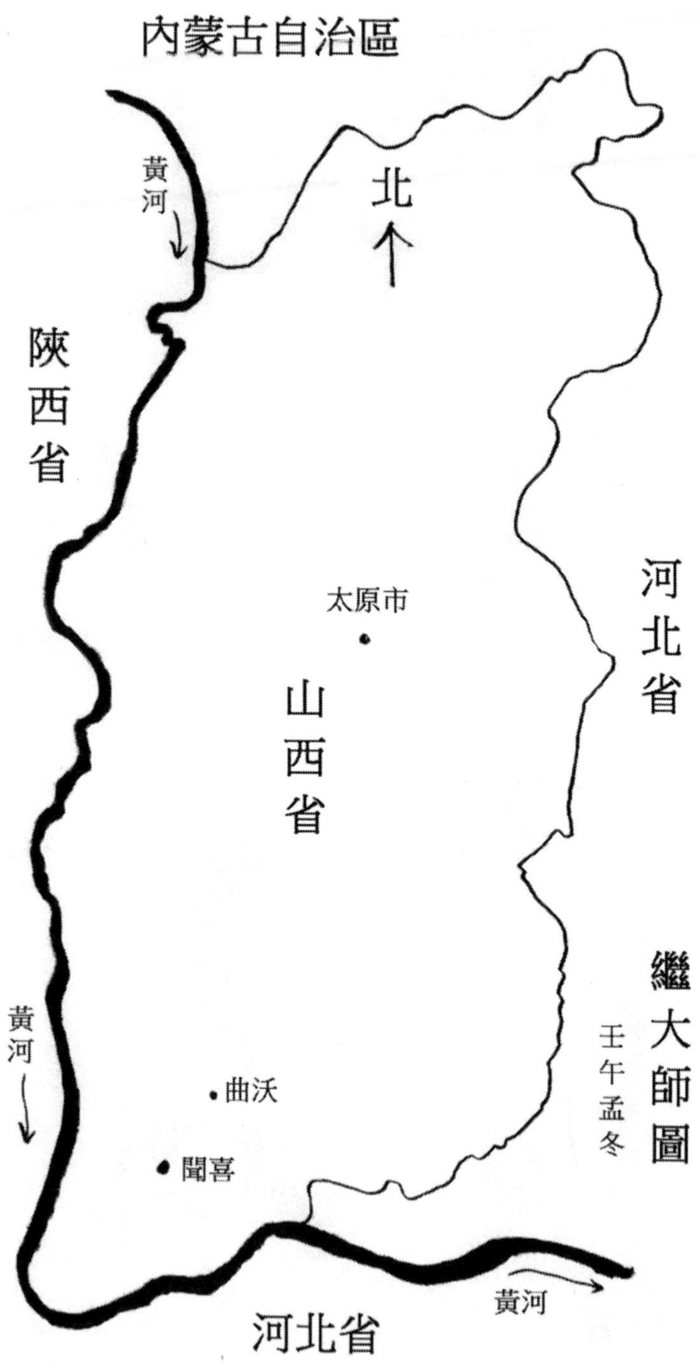

《本篇完》

公元紀年	虛齡歲數	古代紀年	活動事跡
公元 276 年	一歲	武帝司馬炎 咸寧二年	出生於河東聞喜縣人，父親郭瑗，是晉之尚書都令史。
公元 276 至 290 年	一歲 至 廿五歲	武帝司馬炎 咸寧二年 至 太熙元年	自幼好經書、五術等，博學高才，沉默寡言，擅長詩詞歌賦，令國家文學復興。好古文及陰陽五術，善於算曆。得遇一與郭璞同姓之神人，寄居於河東，教授他卜筮及《青囊中書九卷》風水秘笈，使他洞悉陰陽五行、天文、卜筮之術，能化解災厄，轉禍為福，知過去未來。

公元紀年	虛齡歲數	古代紀年	活動事跡
公元 290 至 312 年	虛齡十五至卅七歲	太熙元年至永嘉六年	約公元 303 年時虛齡 28 歲，郭璞占卜得知中原老百姓，將被外族所統治，農地將被移為平地而荒廢，史稱「五胡亂華」，發生於公元 304 至 316 年，於是他向南逃走。郭璞先後為胡孟康的謀士，（胡孟康被丞相召爲「軍諮祭酒」一職）時郭璞看中胡家婢女，用道術令使胡氏相信她是妖人，令他賣掉奴婢，又命人暗中用低價錢買下，納她妻子。 郭璞由太守殷祐所推薦，任命為宣城參軍，輔助殷祐，後殷祐調任石頭護督（江蘇省南京市西），郭璞亦跟隨他郭璞時常為吳興縣太守袁琇及王導占卜，後被王導引介，為元帝司馬睿所錄用，並參與軍事謀略。

公元紀年	虛齡歲數	古代紀年	活動事跡
公元 318 年至 321 年	虛齡四十三歲至四十六歲	太興元年至四年	郭璞虛齡 43 歲，元帝司馬睿即位，並輔助元帝，當時有日蝕、月蝕、大雨、風災、地震等天災，郭璞即上表疏文，勸諫元帝審查善惡，不可任意用刑，及赦免冤獄罪囚，並改年號為永昌。
公元 322 年	虛齡四十七歲	永昌元年	元帝皇孫出生，郭璞時虛齡 47 歲，並上疏奏章，謂要大赦天下罪犯，然後賞罰分明，肅整官紀，則國家必獲禎祥，元帝接納郭璞所奏。 是年元帝駕崩，郭璞母親逝世，於是去職，與母在暨陽（江蘇省江陰縣）卜葬穴地。

公元紀年	虛齡歲數	古代紀年	活動事跡
公元 323 年	虛齡四十八歲	永昌二年（太寧元年）	郭璞為溫州選址及開城立局。明帝司馬紹登位，國號太寧，郭璞曾為人卜葬，明帝微服出巡，問主人何以葬在龍角上，可被皇帝滅族，主人謂郭璞說，葬在龍角上，可令皇帝在三年內，到來詢問，明帝驚異而嘆服。郭璞自知壽元將盡，故嘗試用道術為自己延壽，但被桓彝撞破。
公元 324 年	虛齡四十九歲	太寧二年	時有一姓崇之人推介於王敦給他占卜國事。王敦造反，之前郭璞曾為他的記室參軍。王敦問他是否會成功，郭璞說是大凶，且會失敗。王敦命郭璞佔卜他的歲壽有幾多，郭璞說：「你若用兵，災禍必生，到武昌，歲壽不可測，王敦大怒，便說：「你是否知道自己的歲壽有幾多？」郭璞曰：「我命盡於今日日中。」王敦命人將郭璞收監，並押往南岡斬首，郭璞死時虛齡四十九歲。

（四）一行禪師略傳

繼大師撰

一行禪師活於唐代683至727年間，是唐、魏州昌樂人，本名張遂，法號敬賢，號大慧禪師，也稱沙門一行、一行阿闍梨，（阿闍黎即教授師）出家比丘、天文學家、曆法學家、數學家、風水學家。真言宗將他列為傳持八祖之一。

他是唐太宗功臣－張公謹之孫，曾有道士伊崇以《太玄經》授他。一行精通梵文，熟悉印度宗教文獻，他同時精於風水學、數學、佛法及天文學。他因避開武三思之拉攏，避免牽涉王難之災，張遂至嵩山嵩陽寺剃度為僧。

（武三思649年至707年，並州文水人，今屬山西，女皇武則天的侄子，武周宰相，荊州都督武士彠之孫，武士彠，字信明，隋末唐初官員，是隨李淵在晉陽起兵的功臣，亦是中國唯一的女皇帝武則天的父親，死後謚號魏忠孝王。武三思因密謀廢太子李重俊，卻在重俊之變時被李重俊所殺。）

張遂出家的法號名敬賢，號一行，是金剛照之弟子，金剛照為唐、開元三大士（三大士為：善無畏、金剛智、不空）善無畏的弟子，張遂出家後，博覽群經，精通曆算。

開元九年，奉詔改曆，時經七年而成《大衍曆》初稿，是年冬十一月廿五日病逝於新豐，壽四十五虛歲。著有《地理經》、《呼龍經》、《地理訣》、《庫樓經》、《葬律秘密經》、《大衍論》、《金圖地鑑》等書，他又從善無畏大士筆受《大日經》，並作疏，為中國佛教唐代密宗之真言宗祖師。

風水祖師楊筠松弟子曾文辿説一行禪師撰寫風水偽書，以此擾亂外族，後來偽術傳回中土，為害中華。

《本篇完》

（五）丘延翰風水祖師著《國內天機書》的傳承

繼大師

在唐高宗永徽年間（公元 650 年至 683 年），在河東聞喜縣有丘延翰先生，因得到異人傳授陰陽五行之術，於是能夠洞曉陰陽，依法替人遷葬，無不應驗。聞喜縣曾經出過了一位風水宗師，他就是晉代著《葬書》的郭璞先生，（字景純，公元 276 年至 324 年）。

在唐開元年間（公元 713 至 741 年）天象星宿有奇異之變化，朝廷之欽天監見之，有所擔憂，告訴唐玄宗皇帝，於是差遣使者巡查有異象的地方，見一山墳乃丘延翰先生所造之地，於是下詔搜捕他，在坊間各處搜查，結果找不到他，於是發出皇榜說明其罪，指他做葬山墳導致天有異象。

未幾丘延翰入宮中朝見唐玄宗，將《天機書》及自己所撰寫的《理氣心印》三卷進呈玄宗，皇帝聆聽其陰陽之學說後很喜悅，發覺他說的道理很精確可信，於是賜給他以官爵。

丘延翰即以師授《天機書》于唐玄宗，皇帝以玉函金櫃藏之於瓊林寶庫內，並永視為國寶。但他擔心民間有人明白這些五術書籍內容，於是內供奉一行禪師所偽撰的《銅函經》一齊擺放，以假亂真。

在這二百年來不見此經出現（唐玄宗公元 712 年到宋太祖公元 960 年），在唐僖宗年間，（公元 874 年至 888 年）黃巢作亂（公元 880 年），黃賊攻打入長安城，京城失手。

楊筠松與曾文辿同在軍隊之中，趁機偷取此寶藏，發現它的封面寫上篆文，為《國內天機書》，就是當年丘延翰先生所撰寫給唐玄宗皇帝的書。他兩人逃回江右，即現今之江西興國縣梅窑鎮三僚村，楊公於是在此地方著書立說，並教授風水。

管理江南的李司空先生聘請曾文辿任南康之軍師，曾公考慮到如果國家知道他有《天機書》，必步丘延翰之後塵，於是他決心藏於他處，撰書以傳後世。其後有《青烏鬼運》之法及詩歌等流傳於世，但已支離破碎，真正的《天機書》仍然不流傳於世上。

直至宋太祖趙匡胤（宋朝開國皇帝 927 年－976 年），因見風水書籍多有謬誤，因此特詔吳景鸞負責將天文地理書籍整理校對，賜名《地理新書》頒行於世，國師吳景鸞的父親吳克誠為占卜師，其祖父吳法旺先生曾差遣吳克誠到華山處士陳希夷處拜師學藝，並得此秘笈。陳希夷得自於曾文辿，曾文辿得自於楊筠松。由於吳克誠先生早逝，後其子吳景鸞長大後由母親教授他此書的內容。

直至宋朝慶曆年間，公元 1041 年，宋仁宗聖詔，訪求明白陰陽五行學術之人，後由同鄉江西德興郡縣大人舉薦，於是吳景鸞先生將先父從陳希夷處士那裏得來的《天機書》呈給宋仁宗皇帝，後來成為國師。吳景鸞後撰寫《陰陽天機書表》於公元 1041 年呈獻給宋仁宗，這表文內有記載此事。

吳景鸞撰寫的《吳景鸞陰陽天機書表》及《吳景鸞選擇五行表》錄於明遠、胡暉（應光）先生著《選擇求真》〈卷一〉（玄學出版社印行，第 14 頁至 16 頁。）《天機書》所論之五行有六種。

筆者繼大師錄之如下：

（一）正五行取遁龍運

（二）洪範五行取遁山運

（三）八卦五行取遁向局

（四）玄空五行取遁水運

（五）雙山五行取論三合

（六）渾天五行取合卦例

據筆者繼大師所知《天機書》現代版由翔大圖書公司印行，星命經典大系37，書名《先天後天理氣心印、吳景鸞暮講僧斷驗集合篇》，其中《先天後天理氣心印》〈卷上〉，其內容比起《地理辨正疏》內的《青囊經》相差很遠，都是講述《河圖洛書》之語。

《先天後天理氣心印》內容言詞空泛，並非實話實說，圍繞《河圖洛書》內容，兜兜轉轉，並沒有直接說出。歷代名家，守秘密如此，皆因避免犯上洩露天機之罪，他們着重心傳口授，秘訣並不直接筆錄於書，這些都是有因緣的人，才能獲授，若心術不正，則害人不淺，且獲罪於天，難辭其咎。

以筆者繼大師之經驗，此書看了也不懂，其實在三元羅盤內的天盤及地盤六十四卦之排列，已經是《先天後天理氣心印》的總結，並且清楚列明，歷代名家已將它公開，已經是一個不是秘密的秘密。

例如六十四卦卦爻的順逆排列，及變爻的吉凶線度，已清楚列明於三元羅盤上，不過其用法一定要有真正傳承的明師教授始能明白。

至公元 1690 年庚子年，蔣大鴻地師在坊間蒐集楊公風水祕本，將名家黃石公、赤松子、楊筠松、曾求己等名家所著作之各種風水秘本，撰寫《地理辨正注》，內有《青囊經》、《青囊序》、《青囊奧語》《天玉經》、《都天寶照經》。

隨着時代的變遷，《國內天機書》內的《先天後天理氣心印》，即是三元六十四卦的秘密，後人公開得愈來愈多。於道光七年丁亥春（公元 1827 年）海鹽張心言地師將蔣大鴻先生註解的《地理辨正注》在〈卷首〉加入六十四卦圖表，有「先後天八卦、六十四卦橫圖、三元六十四卦內外盤及方圓圖」、「八宮卦序歌、卦運圖、挨星圖、七星打劫圖、父母子息順子局及逆子局各四十八局圖、手盤圖式、六十四卦口訣。」

張心言先生既得蔣氏真傳，但懼怕日後失傳，故他將《地理辨正注》再次疏解，將易學同道「朱爾謨、除芝庭、崔止齋」所講的部份易卦理論加入註解內容，書名改為《地理辨正疏》，使三元易卦的傳承不絕。

【清】光緒三年（1896 年丙申年）天津的風水地學名家又元子－元祝垚－皞農氏著《囫圇語》及《陽宅覺》等風水秘本，並於公元 1918 年戊午年出版，但逢中國政局動盪，版本無從購覓。時有張振采地師擁有此家藏秘本，並加上少許註解，再加入《天元五歌》、《歸厚錄》及劉湘檇著《入門捷訣》合編成《玄空真解》，分〈上、中、下三卷〉發行出版。

元祝垚及張振采地師是很尊崇及確認張心言先生是真得蔣大鴻先師嫡傳的人。並認為以干支八卦強談卦理是誤人之說，並覺得非常有幸，能得張心言地師不憚洩漏天機，直以六十四卦告示世人。他自覺非常有幸，能生於張子之後而得讀其書，他願將率領後來萬世學者，向張心言地師在天之靈，同執弟子之禮。

1920 年梅縣大埔劉仙舫地師出版他由吳星亭師父處所得到的真訣撰寫成《元空真秘》，筆者繼大師於 2022 年中，把此秘本註解並出版，以續傳承。其實三元元空大卦的主要經典，離不開《地理辨正疏》內的五部經典：「《青囊經》、《青囊序》、《青囊奧語》、《天玉經》、《都天寶照經》。

呂師曾說過，此為五部經典，為風水理氣之正宗，故筆者繼大師略盡綿力，註解張心言地師所註的《地理辨正疏》，並在壬寅年季春出版，使後來學者，有書跟從，不失三元理氣之傳承。

《本篇完》

（六）楊筠松風水祖師略傳

繼大師

楊筠松祖師（公元834至903年）生于唐朝唐武宗辛酉年（公元834年）三月初八戌時生，名益，號叔茂，法號長茂山佐，因用風水之術使人脫貧，故外號名楊救貧，母親何氏，江西盧陵人，今之吉水縣，與香港元朗鄧氏四世祖鄧符協風水明師同鄉，楊公父親英年早逝，母親改嫁竇州商人。

楊公生於竇州，今廣東省信義縣，唐朝武德四年（621年）分懷德縣置，今在廣東省信宜市西南鎮隆鎮，屬竇州。北宋太平興國元年（976年）改名信宜縣。楊公在三兄弟之中排行第三，長兄筠翌，次兄筠賓，養父名粲都，字文光。

楊公自幼聰明勤奮好學，年十七而登科甲，至唐僖宗時（875年至880年）而任國師，官至金紫光祿大夫，掌管靈臺地理一職，專責擇日、風水及祭祀等事務。公元880年，黃巢作亂，黃巾賊攻入長安（今西安）京城，楊公乘亂而入宮中瓊林寶庫竊取由丘延瀚風水祖師所撰寫《國內天機書》風水秘笈，然後斷髮入崑崙山看龍，後與徒弟曾文辿逃至江右（即江西興國縣梅窖鎮三僚村）傳授風水學問。

期間，受董仲舒後人所邀請，在流坑村改做風水，水流由村南至村之北，楊公命人掘一深坑，引水流再由東向西繞過村之北面而去，又為董氏點穴造葬祖先風水地，有蜈蚣形、飛鵝形、鬥牛形及黃蛇聽蛤之蛇耳穴，令董氏後人世代為官。

筆者繼大師曾於二〇一四年中到流坑村考察，見一戶人家，在清代由乾隆至光緒年間，連續五代人都為清朝官員，使流坑村得「天下第一村」之美譽。

楊公在三僚村傳授風水及著書立說，據三僚村廖氏後人所說，廖姓先祖有懂風水者，得遇楊筠松祖師而得真傳，一百多年後（公元943年）出後唐國師廖禹。故三僚村以廖、曾兩族人為主。

傳聞當年盧光稠統轄虔州（江西贛州）自立為盧王，請楊公為他卜天子穴地，卜得後，盧王問楊公是否還另有天子地。

楊公答：

「一席十八面，面面出天子。」

盧王不願別人得到天子穴，便在楊公酒裏下毒。楊公察覺後，立刻帶著弟子回家，途中問弟子曾文辿此處何地，曾說是藥口，楊公嘆道：藥到口必死矣！

楊公臨死前吩咐曾公去遊說盧光稠在贛州磨車灣安裝水碓，在十字路口開鑿一口水井，則子孫世代為天子。目的是破壞贛州的「天子氣」，制住盧光稠的煞氣，後來他背長癰疽，疼痛難忍，自縊身亡。現在于都縣博物館收藏了一塊「楊公墓碑」。

筆者繼大師於 2013 年癸巳年前往江西三僚村探訪楊公仙蹤，在廖姓萬方祠內壁上畫中，記載了楊公四點事蹟，茲錄如下：

（一）楊公身殞寒信峽

據興國清代縣志《瀲水志林》記載，楊筠松在替盧光稠擇址營建天子地後，離開盧王城乘船返回三僚途中，在于都寒信峽身亡，楊公弟子將其就地安葬。為了紀念楊救貧，至今該地仍命名楊公壩，河邊楊救貧用板凳立向的管氏祠堂裡塑有楊公像供奉，河岸上立有楊公墓地望碑，興國三僚村曾、廖兩

姓，分別建立楊公祠，世代供奉，並把楊公風水術列為家傳，綿延至今，發揚光大。

繼大師註：據《江西通志》、《贛州府志》、《雩都縣志》清同治版記載，明神宗萬曆七年公元 1579 年，贛洲太守葉夢熊，廣東惠州人，與雩都知縣陳仰民，福建安溪人，親臨雩都楊公壩，今屬寬田鄉，瞻仰楊筠松墓，因年代久遠，洪水泛濫，泥沙堆積，使河床升高，楊筠松墓被沖毀，二人在楊公墓對面岸邊上安立石碑，今之車溪沙鄉雷公坑村，以作紀念。於 1992 年 11 月，車溪沙鄉雷公坑村出土一塊 430 多年的石碑，就是「楊公碑」，後交縣博物館收藏。

據史志記載，楊筠松葬於雩都（雩音餘）藥口的穴地，是他生前久經考察，親點穴地，位於黃禪寺東五公里，東面的奄背山，與西邊的車頭嶂，兩邊夾峙，懸崖峭壁形成峽谷，稱爲「韓信峽」。

（二） 楊公擇址盧王城（贛州城前身）

楊救貧攜宮廷秘籍離開長安後，朝廷派東平候孫誗領兵沿途追索，欲將楊救貧捕獲，將帶走的宮廷秘籍歸庫。孫誗在虔州三僚找到楊救貧時，大唐朝廷已經傾覆，楊救貧此時已經成為割據虔州盧王光

稠的座上賓，孫詷遂與楊救貧結為好友。

楊救貧為其寧都城外馬家坑點了一穴「將軍坐帳」形風水寶地，史料表明，孫詷為孫中山前卅五世祖。孫詷墓已經成為江西省政府文物保護舊址。

繼大師註：據歷史學家羅香林在 1942 年出版《國父家世源流考》稱孫詷（音 chan）爲國父孫中山先生第三十五代先祖。

楊公在《疑龍十問》中說：「**一穴大地可蔭十世。小地千墳亦如是。**」前卅五世祖地，已經完全脫了氣，最重要的是近祖得大地。孫中山祖上已有風水大地，故出聰明智慧及有學識的孫中山先生。

國父母親楊太君，父親孫達成是一個虔誠信仰玄天上帝的人，曾建玄天上帝廟，後來孫中山年幼時，爲破除迷信，斬了玄天上帝像的雙手。他在革命時六次並未成功，祖父輩的風水穴地力量尚不足，需要有近代祖先得地，加強力量，補救遠祖穴地延續力之缺乏。

於1910年孫母楊太君在香港逝世，有風水明師在香港飛鵝山百花林處，找到一穴大地，申山寅向，正收西貢蚺蛇尖，爲遠朝「寅方」之尖峯。剛好孫中山出生年爲1866年丙寅年，翌年1911年，辛亥革命成功。「丙寅」與「辛亥」，天干「丙、辛」合水，地支「寅、亥」合木，水生木。孫母葬在百花林墓穴，是爲近祖之救地，補祖父輩風水之不足，使國父革命成功。

楊救貧隱居三僚的消息，被起兵割據虔州的盧光稠得知後，便將其奉為上賓，並請楊救貧先後在寧都球田、麻田為其父親母親擇地建旗形、龍馬形等孕育皇帝的天子墓。楊救貧還為其在虔州章貢合流處擇址構築了盧王城，奠定了現代贛州城的基本格局。

（三） 楊救貧隱居三僚著書

楊筠松在雲遊天下，考察完中華龍脈以後，隱居三僚這塊遠離京城的風水寶地，開始了他一生中最輝煌的創立學說時期，在三僚期間，他先後完成了著名的《疑龍經》、《撼龍經》、《葬法倒杖》、《天玉經》〈四卷〉、《青囊奧語》等八部著作，奠定了他在中國風水學上的理論基礎和祖師地位，千百年來，三僚村也因此被海內外風水學愛好者譽為中國風水文化聖地。

（四） 楊救貧步龍入三僚

楊筠松在虔州收弟子曾文辿、廖瑀等人為徒後，欲尋覓一塊適宜研究和傳播風水術的地方居住，著書立說，經過反復考究，他選中了興國三僚村。興國三僚曾氏家譜中，至今保存了當年楊救貧為曾文辿卜地撰寫的地鉗記：

僚溪山水不易觀。四畔好山巒。
甲上羅經山頂起。西北廉幕應。
南方天馬水流東。仙客拜朝中。
出土蜈蚣艮寅向。十代年中官職旺。
今卜此地為爾居。代代拜皇都。
初代錢糧不興大。只因丑戍相刑害。
中年富貴發如雷。甲木水栽培。

兔馬生人多富貴。犬子居翰位。

今鉗此記付文辿。三十八代官職顯。

繼大師註：楊公之死，有另一個說法如下：唐昭宗天復三年，公元 903 年二月，虔州刺史盧光稠，後為盧王，請楊公勘察虔州周邊風水地勢，至公元 903 年十一月完成，歷時十個月，因操勞過度，積勞成疾，後死於虔州，年 70 歲。後盧光稠派船將其遺體運送至雩都藥口，在芒筒壩安葬，於公元 904 年，官員及村民為紀念楊公，將芒筒壩改稱「楊公壩」，並建祠塑像祭祀，以示對楊公的尊敬。

在劉江東撰《**三寶經序**》中有述說楊公事蹟，筆者繼大師錄之如下：

「楊夫子諱益。字筠松。別號長茂山左，竇州人。唐太和甲寅（公元 834 年）**三月初八生。自幼穎敏。通天文地理。壯年登第入朝。官拜金紫光祿大夫和欽天監。掌靈台事。因黃巢寇京。朝庭失守。聞瓊林庫竊。獲邱公所呈郭璞青囊。避難江南虔州而來。為人卜葬捷如影響。以致虔州防禦使盧光稠**

召葬其父。百日升節度使加平章統行事。遂據虔稱盧王。因失言于王。遂賜藥酒。楊公知酒有毒。乃用掩傾入懷中。走至雩都藥口壩（現稱楊公壩）**。其毒沖入於心。遂卒葬其地。天佑三年九月**（公元906年）**壽七十有三**（虛齡）**。籲九卷青囊從此失矣。幸余時為盧王參軍。同邑人曾文辿從遊其門。稍得青囊口訣。餘特著之。」**

這裏說明有四件事，茲列如下：

（一）楊公壯年登第入朝為你官，官職為「金紫光祿大夫」和「欽天監」，掌靈台事。

（二）因黃巢作亂，朝庭失守，楊公闖入瓊林寶庫內，偷走邱延瀚所獻給唐玄宗郭璞著之《青囊經九卷》，避難到江南虔州。

（三）楊公因給人卜葬而有急速之吉應，以致虔州防禦使盧光稠召見他，給盧父點穴造葬，葬後百日，升為節度使加平章統行事，後占據虔州，自稱為「盧王」。這「楊公失言于王」，是指楊公點出天子之地給盧光稠而成為盧王，盧又問還有此地否？楊公曰：「一席十八面，面面出天子。」盧王恐楊公點天子穴地給別人，江山給人奪去，故賜有毒藥酒給他喝，楊公走至雩都藥口壩（現稱楊公壩），其毒入心而亡，後葬於此地。

（四）楊公藏郭璞所著《九卷青囊》，從此散失了，劉江東説他當時為盧王參軍，後與同鄉曾文辿一同跟隨楊公學風水，稍得青囊風水口訣。換句話説，劉江東與曾文辿都是江西于都葛壩小溷村人。

從各方面資料顯示，楊公被盧光稠下毒在酒中而中毒身亡是真確的事，所不同的，就是楊公死於公元 903 年，或是死於公元 906 年。

蔣大鴻地師引述楊公言：「**既得至道。不敢炫耀於世。故披褐懷玉。抱道無言。**」據**《江西通志》**引**《南安府志》**載：

「楊筠松，竇州人，生於唐太和八年，（公元 834 年）**三月初八戌時生。唐僖宗朝國師**（875 年至 880 年）**，官至金紫光祿大夫，掌靈臺地理，黃巢破京城，乃斷髮入崑崙山，步龍過虔州，**（隱居興國三僚村）**以地理術行於世，稱救貧仙人，卒於虔。葬雩中藥口**（現時之江西于都縣寬田鄉楊公壩村，《江西通志》、《贛州府志》、《于都縣志》都有記載。）**唐、天復三年**（公元 903 年癸亥歲）**二月初九戌時卒。」**

楊公著作有：《撼龍經》、《疑龍經》、《葬法倒仗》。屬於「巒頭」功夫的風水經典，「巒頭」即專在形勢上的龍、穴、砂、水是也，加上向，就是風水五大要素。至於方位及方向上，是為之「理氣」，理氣上的著作有：《青囊奧語》、《天玉經》、《都天寶照經》，與《青囊經》（曾求己著）、《青囊序》（**黃石公著**），為三元地理理氣中的代表經典。

無論如何，在風水歷史上，楊筠松的風水著作，影響整個歷代後世的風水界，是真正一位中國風水一代宗師。在明末清初公元 1690 年庚午年，蔣大鴻將楊公著《青囊奧語》、《天玉經》、《都天寶照經》，與《青囊經》（**曾求己著**）、《青囊序》（**黃石公著**）等秘本撰寫成《地理辨正注》，使楊公的風水學術得以發揚光大。這是中國風水歷史中的轉捩點。

又於公元 1827 年丁亥年，張心言地師將此書加以疏解，並加上由陳希夷所傳之六十四卦方圓圖及八卦圖表，輯成《地理辨正疏》，出版後得以流傳至今；2022 年壬寅年中，筆者繼大師將此部經典重新編輯校對整理及註解，發行出版，祈望楊公的風水經典著作，得以流傳萬世，使楊公風水傳承不絕。

《本篇完》

（七）兩位廖禹風水祖師略傳（更新版）

繼大師

廖禹（公元943至1018年），廖瑀字伯玉，字金精，三僚村廖氏家族先祖。在《中國廖氏通書》引《蔡志》云：**「廖禹，字君玉，三僚廖氏先祖，精通天文地理，爲風水地師，曾入山學道，號金精山人，後世稱他爲廖金精，後唐皇帝封他爲國師。」**

相傳廖瑀長居虔化縣翠微峰金精洞學道修練，後在虔化遇上楊筠松，並與他比試風水，廖氏請楊公擇定一個門樓穴位，廖金精預先用羅盤定準了方位，並埋下一枚銅錢作標記，後楊公到來，輕輕用手裏的一根幼竹竿，往地下一插，卻插中地下銅錢中心的的方孔，廖金精極為佩服，並拜他為師，後與曾文辿隨楊公到三僚村落腳，得楊公親傳青囊諸經，盡得真傳。

廖禹曾為饒州許氏陽居選址，並預言：**「日後貴府子孫當有爲吾州守者。」**在廖禹死後112年，宋建炎四年（公元1130年），許氏後人考中進士，任贛州知府官，這位許氏後人曾專程到廖禹墓前隆重地祭祀，並立碑記下此事，清《贛州府志》有記載。

另一位廖禹，筆者繼大師在**《地理大全入門要訣》〈卷一〉〈陰陽明証辨〉**發現內文有引述**《廖公行實錄》**，其生平如下：

「廖禹四十歲時，為虔州（今贛州）**通守**（地方官）**張明叔之**隸**卒，因重修官邸，以風水上之準確預言而令張夫人大喜，張夫人為宋朝國師吳景鑾之獨女，得父親所遺傳風水秘文，因憐憫廖禹，便將秘笈傳給他，後廖因貧窮所迫，自作金精山急發之陰宅福地，於一、二年可驟富，但十年後立見絕滅，自此之後，風水學問大增，富人信他如神明，與人看風水，目不暇給，賺了很多錢，家道日隆。**

宋熙寧元年（**【**北宋**】**、宋神宗 ── 趙頊 ── 戊申年，公元 1068 年）**，虔州通守張明叔禮以上賓對待，廖公亦樂意效勞，為張公做風水十八年，其間點地七十四幅，至壬子**（公元 1072 年）**八月，要求辭職歸家，回鄉改造祖墳，怕祖墳地運過期而影響後代敗絕，無奈張氏苦苦哀求，于是又留下來共四年，待回歸家鄉時，兩子一女已亡故，剩下老妻及外孫謝氏，廖公悲憤不矣說：「此輩悞我。」**未**幾，憤疾而卒，壽元六十二歲。」**

由《廖公行實錄》引述，筆者繼大師得知廖公生于公元 1028 年，1068 年四十歲得訣，遊藝 22 年，1090 年卒。以上所引述之《廖公行實錄》與坊間所說不同，應該是宋代那位廖禹，在公元 907 年唐哀帝李柷遜位，至公元 960 年北宋建立的五十四年間，中原相繼出現了周、唐、梁、晉、漢五個朝代，史稱後漢、後梁、後周、後晉及後唐。

筆者繼大師曾于 1989 己巳年及 2013 癸巳年尾到江西三僚村考察，証實《廖公行實錄》的廖禹地師並非三僚村那位，同時，在這五個朝代之外，還相繼出現了前蜀、後蜀、吳、吳越、閩、楚、南唐、南漢、南平(即荊南)和北漢十個割據政權，歷史上稱為「五代十國」。考察結果，繼大師得知三僚村的廖禹，就是後唐的國師。

兩位廖禹共著有《廖公畫筴撥砂經》、《陰契陽符》、《廖氏泄天機諸入式歌》，錄於《地理人子須知》內有：《俯察本源歌》、《俯察正法歌》、地理三科歌》、《九星入式歌》、《九星正名》、《九星正變龍格歌》、《九星正變穴星歌》、《全局入式歌》、《尋龍入式歌》、《步龍認格歌》、《落局入式歌》、《穴星入式歌》、《點穴認勢歌》、《怪穴辨惑歌》、《消砂八式歌》、《喝砂分格歌》、《九星正變砂格歌》、《消水入式歌》、

《辨水分格歌》、《九星正變水形歌》、《明堂入式歌》、《明堂辨水歌》、《洞明卦例入式歌》、《建都入式歌》、《郡邑入式歌》、《立宅入式歌》、《安墳入式歌》、《作法秘旨歌》及《一盞燈》等。

筆者繼大師不排除楊公教授眾多出色的風水弟子，他們若給人們點取風水大地，或可令致在公元 907 年至公元 960 年間的時代中，造成眾多王者出現，各據山頭，紛爭不斷，成就了五代（公元 907 至 960 年）十國（公元 902 至 979 年）的局面，所以眾多風水明師的出現，若給人們大量點穴造葬，歷史也可以改寫。

《本篇完》

（八）曾文辿風水明師生平

繼大師

曾文辿（公元 854 至 916 年），字繼輿，號逸真，三僚曾氏開基祖，楊筠松首座弟子之一，原籍江西于都葛壩小溷村人，與其師弟劉江東同鄉（劉氏曾爲盧王參軍），生于大唐中甲戌（公元 845 年），卒于梁貞明三年丙子（公元 916 年），享年 71 歲，父親曾德富，兄文端，弟文迪，文辿排行第二，曾公幼時習詩書、天文、經書、黃庭內經諸書。

在雩都黃禪寺隱居時，得遇楊筠松祖師，仰慕其風水學問，遂拜楊公為師，後得楊公真傳。隨楊公為盧王規劃贛州城、樂安流坑董氏祖先點穴卜葬，及為流坑村佈局，（筆者繼大師於 2014 年甲午年年考察流坑村，爲董仲舒後人聚居地。）後將全家遷往三僚村定居，楊公為其選址定向，並預言此地有羅經吸石，後有包裹隨身，子孫世代為風水明師。

楊公死後，曾公遵守師囑咐回虔州，以風水制煞盧王。後曾公離家避禍，攜子婿四方雲遊，至袁州萬載，看中縣北西山之美，對其子婿曰：「死葬吾于此。」果如其言，至今地名叫「曾仙塘」。著有《青囊奧語》、《泥水經》、《八分歌》等。

繼大師註：當年楊筠松風水祖師，應董仲舒的後人，在南唐昇元年間依照吉祥風水而建村，原屬吉州永豐縣，南宋時改由樂安縣管轄。楊筠松祖師勘察江西流坑村時，建議將烏江去水水流堵塞，開鑿流坑，繞過村之北面，在村北橫長後山山丘前，屈曲地向「庚」方流去，作村之後方玄武水，（西方「兑」宮為「庚、酉、辛。」「玄武水」為後靠之北方水流。）筆者繼大師于 2014 年考察期間見烏江去水水流屈曲環抱村後而再往北去，因開鑿水流之坑，故名「流坑村」。

在爲流坑村佈局中，楊公還題了一偈曰：「**若是水流庚。仍是好流坑。**」

自始之後，村中出了很多讀書人，經歷宋、元、明、清，世代均爲官，在村中的五帝廟側，有狀元樓，門口向「卯」方（即東方「震」宮甲、卯、乙。）此屋曾蔭生一位狀元，配合烏江之「午」方來水「之玄」，「子」方去水屈曲，繼大師認爲這是楊公說的：「乾山乾向水朝乾。乾峯出狀元。」之大格局。至清代中葉，村內一戶人家，更蔭生了連續五代爲官的記錄，時間超過 100 年，流坑村入口大門牌樓上書有「天下第一村」字樣。

楊公改其爲江流水，使水屈曲而去，這就是大陽宅風水的改造方法，真是「明師出手。官貴悠久。」歷史可以證明。正因爲烏江水流繞過村北向「庚」方流，後再往北方去，這節「水流庚方」之水與流坑村元運相尅，南方來水（南方屬火）與此向西方流之横水（西方屬金。）在方位上交戰。（火尅金。）

楊公在村北之入口旁的出水口方，分別與建了龍王廟及觀音廟，（牌匾以篆文刻上廟宇名稱。）以廟宇收逆水及在「向度上」制御「水流庚方」之煞水，使其元運清純而長久，其結果分別在元朝的兵災之下，部份房屋被燒毀，及在民初時期，軍伐將流坑村北面近入口處的一排約十多間平房屋燒過精光，真的應驗了「火尅金」的災難，但人口總算平安，這少許瑕疵，楊公都有提及，以「用神制煞」作出化解。

流坑村地方範圍不大，三閉一空，最巧妙的地方，就是空的一方是來水，而且是「午」水來朝，等於國家都會的「紫微垣局」一樣，同樣是南北向，與「御溝」的道理相同，就是「逆水局」，又是「得水爲上」，山水聚匯之地，大陽宅風水，一個決定，小小改動，足以引致出現極大的吉凶差距。）

《本篇完》

狀元樓牌匾

流坑村狀元樓

狀元樓朝山

狀元樓入口通道

流坑村建築群

五帝廟內供奉的魁星神像

流坑村翰林樓

清朝五代為官近百年

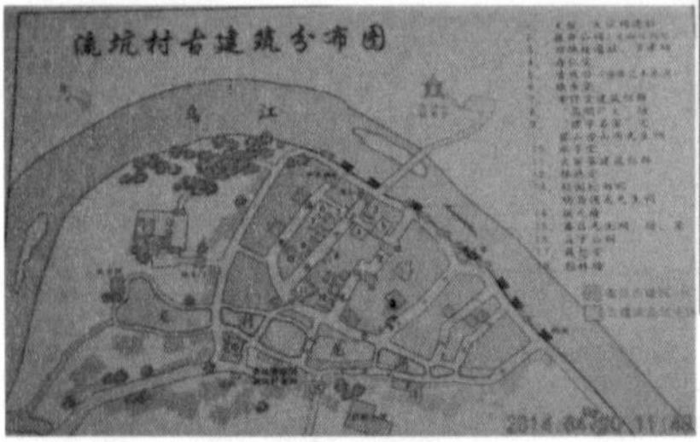

流坑村圖

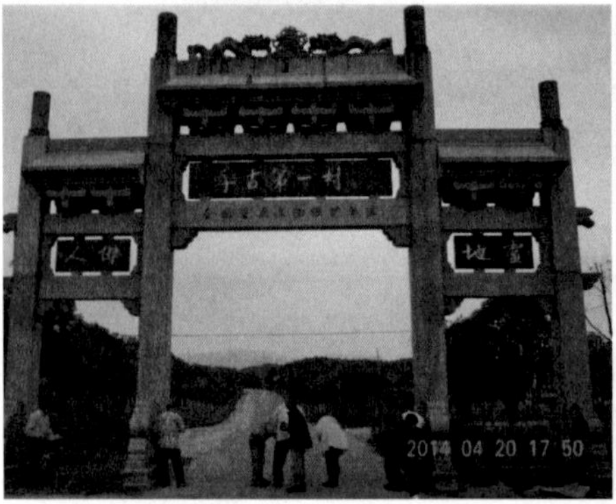

流坑村稱為：千古第一村

人工開鑿的流坑

流坑村古建築物

（九）陳希夷處士略傳

繼大師

陳摶（摶音團）為五代宋初人（871年－989年），字圖南，自號「扶搖子」，白雲先生，宋太宗賜號「希夷先生」（「夷」指視而不見，「希」指聽而不聞），生於唐朝末年，出身低微，《宋史》說他是亳州真源（今安徽亳縣）人。

元朝趙道一著《歷世真仙體道通鑒》稱陳摶享年118歲，有一說法為190歲。陳摶出生時不能說話，至四五歲時才會，但年少聰明。他少年時讀書過目不忘，於後唐長興二年（公元931年）考科舉落第，於是出家修道。

在武當山修練道家內丹功，服氣辟穀二十餘年，日飲酒數杯，精於修練睡功，不飲不食，避穀斷食，一睡數年，醒後紅光滿面，人稱睡仙。他深懂《易經》，善於觀相看骨，能知過去未來。

聞說他曾與年少時的趙匡胤下棋，並戲言如棋局勝出，就請趙匡胤送華山一地給他，後果然。

趙匡胤登上宋朝開國皇帝後，陳希夷找他，結果如願以償，七十餘歲時隱居華山，深研易理象數，並創立先天易學，為宋代易學開山鼻祖。

據《吳景鸞陰陽天機書表》所說，華山處士陳希夷得楊筠松第子曾文辿傳授先天青囊心法之書，乃用於風水上之易經卦理；吳景鸞父親吳克誠不遠千里而往華山拜陳希夷為師。

陳摶對吳克誠說：「你兒子是仙才，能繼承你的風水學術。」

吳克誠得術後，使用時非常靈驗，但不幸早逝，吳克誠母親張氏，遂將秘本收藏，代吳景鸞長大後，祖母張氏便將秘本傳授給他。

陳希夷著有《紫微斗數全書》及《無極圖說》，宋－邵康節得陳希夷傳六十四卦方圓圖，就是三元六十四卦羅盤中之天盤及地盤排列的卦序，清－道光丁亥歲（一八二七年）海鹽－張心言地師把陳希夷傳六十四卦方圓圖收錄在《地理辨正疏》〈卷首〉內，各讀者可研究三元羅盤中的卦象排列自明。

據**《宋史．列傳第二百一十六．隱逸上》**所載：

「陳搏，字圖南，亳州真源人。始四五歲，戲渦水岸側，有青衣媼乳之，自是聰悟日益。及長，讀經史百家之言，一見成誦，悉無遺忘，頗以詩名。後唐長興中，舉進士不第，遂不求祿仕，以山水為樂。自言嘗遇孫君仿、獐皮處士二人者，高尚之人也，語搏曰：「武當山九室岩可以隱居。」

近年（公元2022年），有人發現在四川省容縣獅子寨，山形象威猛的雄獅，整個山頂部份全是岩石，整個大山都被挖空。

相傳是陳搏老祖閉關修練的地方，內有石室24間，石室空間很大，有很多暗道、煉丹房、水缸、灶頭，外面大塊石壁上鑿有約15度斜落的引水坑道，將雨水引入鑿石出來的儲水庫，以供飲用，有可能是他年青時至70歲期間修練的地方。相信他修練的地方不只是武當山一處，但最後在華山修練而成仙。

（繼大師註：獅子寨位於四川省自貢市榮縣墨林鄉呂仙村五組，清咸豐同治年間建寨時，因山形似獅子，故名獅子寨。寨子四周崖際鑿有石室，南宋《榮州圖徑》稱為二十四石室，認為是五代陳搏老祖的修煉之處。雖然有專家考證，謂此二十四室是懸崖墓羣，被後人改造成避難所，其石室空間高闊，像是人們居住的地方，不似羣墓葬地，但無從稽考。）

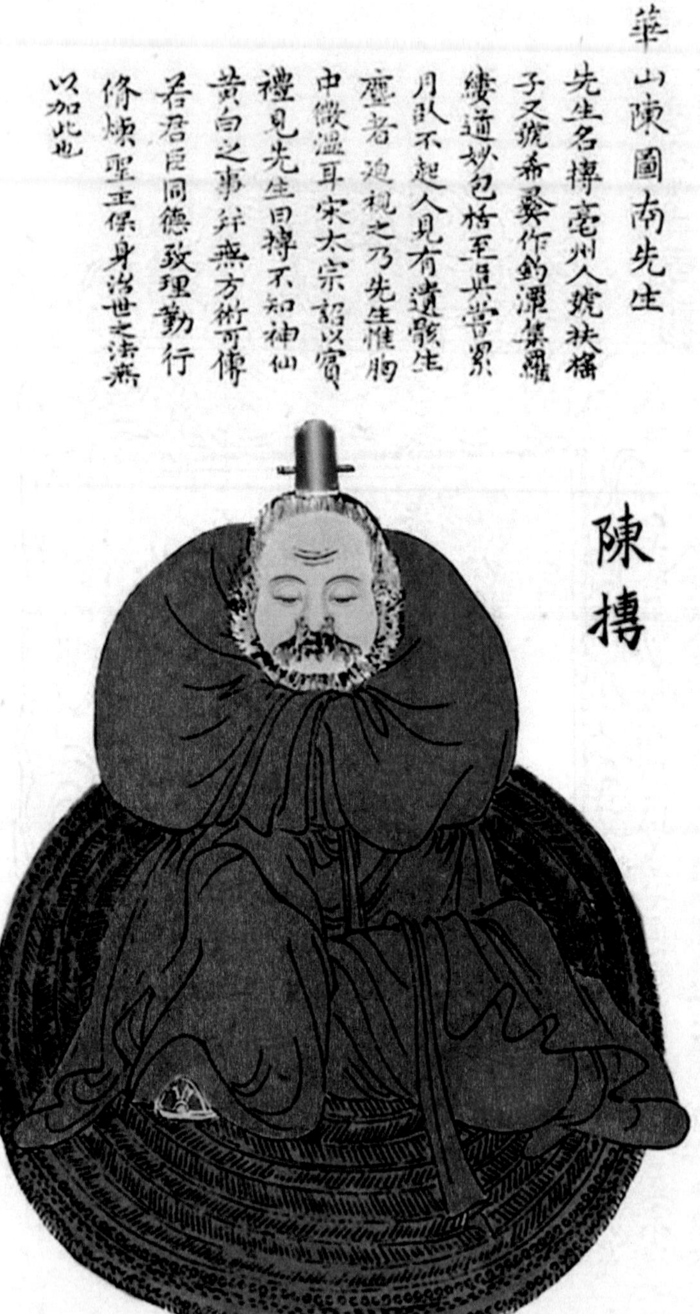
華山陳圖南先生
先生名摶亳州人號扶搖
子又號希夷作釣潭集羅
縷通妙包括至異嘗累
月臥不起人見有遺骸生
塵者廼視之乃先生惟胸
中微溫耳宋太宗詔以賓
禮見先生曰摶不知神仙
黃白之事并無方術可傳
若君臣同德致理勤行
修煉聖主保身治世之法無
以加此也
陳摶

《本篇完》

（十）吳景鸞國師略傳

繼大師

吳景鸞（？至一〇六四）字仲祥，【宋】江西德興人，

（繼大師註：江西德興市，它位於中國江西省東北部，是上饒市代管的一個縣級市，東接浙江省開化縣，東南與玉山縣、上饒縣毗鄰，南和橫峯縣、弋陽縣相接，西接樂平市，北連婺源縣。德興富銅等礦產資源，被稱爲中國的「銅都」。）

吳景鸞家學淵源，父吳克誠得陳摶（摶音團，字圖南，即陳希夷。）之風水卦理真傳，授與青囊書，（陳摶得術於曾文辿，文辿得之楊筠松。）陳希夷對吳克誠說：

「你兒子是仙才，能繼承你的風水學術。」於是以青囊經等風水書盡授於之，吳克誠亦精於卜筮，可預知未來，可惜他英年早逝，秘本交由吳景鸞祖母張氏收藏，待景鸞長大成人後再傳給他。（見《珍藏古本堪輿秘笈奇書》集文出版社出版〈陰陽天機書表〉第 1262 頁。）吳景鸞聰慧過人，讀此秘本後，精誠研究，使用後有所應驗。

【宋】慶曆 1041 年，宋仁宗趙禎出皇榜詔選精通陰陽術數之人，江西德興郡縣之鄉民推舉吳景鸞應詔，後被取錄，授以司天監一職，輔助其江山，宋仁宗趙禎在位 41 年（1010 年至 1063 年），享年 54 歲。

在〈吳景鸞陰陽天機書表〉所說，因坊間地理書多有偽本，仁宗命吳景鸞及翰苑儒臣，董督司天官屬，將五行術數書籍重新編訂，名《地理新書》，頒行於世。仁宗又向吳景鸞詢問陰陽術數之理，於是吳氏授帝《天機書》及《理氣心印》，《天機書》所論五行有六種。筆者繼大師錄之如下：

（一）正五行取遁龍運

（二）洪範五行取遁山運

（三）八卦五行取遁向局

（四）玄空五行取遁水運

（五）雙山五行取論三合

（六）渾天五行取合卦例

（見胡暉先生著《選擇求真》〈卷一〉第14至第15頁，玄學出版社印行。）

據【明】王文祿先生撰寫的《龍興慈記》，在《地理人子須知》〈卷一下〉〈龍法〉〈論北條幹龍脈絡〉有提及關於吳景鸞點了出皇帝之大地，獻給【北宋】宋仁宗，留作他日後百年歸老之葬地，但被宋仁宗所拒絕。（見乾坤出版社第33至34頁）

至元末，有道士師徒二人將此龍穴大地點給朱元璋父親朱世珍，造葬朱元璋祖父朱初一先生，葬後約半年，朱世珍妻子懷孕生朱元璋，後參加起義抗元，終於統一國家，為明朝開國皇帝。

吳景鸞因上書《辨牛頭山陵表》，謂牛頭山皇陵風水不佳，諫宋仁宗不可將太后葬於牛頭山，會危及皇室及國家的國運，後皇帝不接納，結果吳國師被關入天牢。其後北宋徽、欽二宗被擄，果如他所言。在獄中，他又向仁宗皇帝進諫，但不獲通報。

一〇六三年三月宋仁宗駕崩，大赦天下囚犯，吳氏因而被釋放。後他詐瘋癲，髡髮修真於天門西岸白雲山洞內，往來饒、信二州，數處同日皆有其跡。治平初年（一〇六四年，宋英宗趙曙年號）端坐而逝。

吳景鑾國師上書《辨牛頭山陵表》與《定陵兆應》內有類似的相同句語，如：「坤風直射。厄當國母。離宮未水傾流。禍應至尊下殿。巳方殺見。牛地劫衝。乙巳之年（平治二年 1065 年）。隨方兵起。丙午之歲（平治四年 1066 年）。逐處禍生。……」這與白雲山人徐仁旺所呈之表文奏摺差不多。

【清】雍正《江西通志》〈卷一〉之六，內有吳景鸞生平事蹟。筆者繼大師錄之如下：

「景鸞字仲翔。德興（今江西德興）**人。其父克誠。從華山陳摶習天文地理陰陽之術。摶謂克誠曰：「汝子仙才。能紹業。」盡以青囊書授克誠。景鸞聰慧過人。得其書。精究有驗。慶曆中詔選精陰陽者。郡縣舉景鸞。入對稱旨。授司天監。**

後以《論牛頭山山陵》不利於至尊。帝不悅。遂下獄。尋以帝崩遇赦。又進言數事不報。遂佯狂。髡髮修真於天門西岸白雲山洞。往來饒、信二州。數處同日皆有其跡。治平初年（一〇六四年，宋英宗趙曙年號）**端坐而逝。」**

詳情見「榮光園有限公司出版」繼大師著《大地風水遊踪》〈第一章〉吳景鸞國師與北宋的國運。

《本篇完》

（十二）鄧符協風水明師生平考據

繼大師

（繼大師註：以下文章純粹是筆者根據《屏山鄧族千年探索》及考察鄧族各大名穴之碑文作參考，在全面考據後所帶來最接近的史實，不代表全部正確。）

鄧符協風水明師（公元 1029 年 – 1034 年至 1104 年 – 1109 年）是香港元朗屏山鄧族之第四世祖，太公鄧漢黻先生被公認為屏山第一代祖，為宋承務郎，於宋開寶六年，公元 973 年從江西吉水縣白沙村遷到廣東省東莞縣岑田，即現時的元朗錦田，為鄧氏家族入粵第一世祖。

（繼大師註：楊筠松風水祖師的母親何氏，是江西廬陵人，今之吉水縣，與鄧氏第一世祖鄧漢黻先生同屬一縣。）

鄧漢黻死後若干年，被其曾孫鄧符協風水祖師造葬於元朗丫髻山之玉女拜堂穴。鄧符協祖父為鄧粤冠，為鄧漢黻長子宋策試貢士，即舉人，敕贈承直郎誥封，為入粵定居之第二世祖，與夫人詹氏合葬於元朗黃屋村山後之金鐘覆火穴。鄧符協父親為第三世祖鄧日旭，葬於香港荃灣半月照潭穴。

宋神宗熙寧二年，公元一〇六九年，鄧符協考得進士，授陽春令，權南雄路倅，（繼大師註：倅－副手，「南雄」是廣東省轄下的縣級市，由韶關代管，為庾嶺要口，南北咽喉，控帶羣蠻，襟會百越，故以「雄」名，現為廣東省北，近江西省邊界。）

中國古代科舉制度中，通過最後一級中央朝廷考試者，稱為「進士」。進士分為三等，一、二等為「進士及第」，三等為「同進士出身」，在所有進士中之第一名就是狀元，第二榜眼，第三探花。

據統計，宋代考上進士的平均年齡超過卅歲；像寇准和蘇軾在廿歲考上進士的青年人不多，以考試來選拔人才，繼而錄用尖子，以考試制度給予他們作地方官，以助國家管治人民。

鄧符協考得進士後，受職「承務郎」，「承務郎」為文官之官職，北宋前期沿置，宋神宗元豐（1078－1085）改制，用為新寄祿官，改從九品，取代舊寄祿官秘書省校書郎、正字、將作監主簿等。鄧符協當時為 1069 年之進士，九年後剛好改制，自唐宋以後承務郎為低級文職官階之一，唐、宋、遼居八品官。

假設鄧符協於 1069 年考上進士之時為 35 歲，筆者繼大師推算他大約生於公元 1034 年甲戌年左右，若他考上進士之時為 40 歲，那他就生於 1029 年己卯年了，可以說他生於 1029 至 1034 年之間。

1024 年至 1044 年是四運，1044 年至 1064 年是五運，五運前十年歸四運管，五運後十年歸六運管，於 1064 年交下元六運。以上下元元運來說，1054 年立春後正式交入下元元運，以上假設鄧符協之生年為公元 1029 年己卯年至 1034 年甲戌年之間，時為上元四運。

鄧符協之太公為鄧漢黻，葬於元朗丫髻山之玉女拜堂穴，向度為辛山乙向，坐山為雷山小過䷽二爻，水口是雷天大壯䷡四爻。雷山小過䷽為三運卦之八，雷天大壯䷡為二運卦之八，應該是在上元時運造葬之地。

由於在公元 1054 年正式交入下元元運，鄧符協將太公鄧漢黻葬於元朗丫髻山之玉女拜堂穴，理應在上元元運時落葬，若在 1054 年立春前造葬，那麼鄧符協就是一個廿至廿五歲的青年。從元運之中，以鄧符協所給他祖先所造的玉女拜堂穴風水地來計算，可以推算出他大約所造葬其太公的年份，約為 1049 年至 1054 年之間，眾穴之中，玉女拜堂穴理應為鄧符協最早主理造葬之穴地。

以鄧漢黻（黻音忽）於公元 973 年入岑田（今香港錦田）的生活年代來推算，入粵至落葬的時間，相隔七十多年，假設他卅多歲移居錦田至七十多歲，去世時間大約由 1010 年至 1020 年左右，亦有可能在他死後已葬於別處，大約 40 多年後，直至約為 1049 年至 1054 年之間，再由鄧符協點地遷葬於玉女拜堂穴，這些都是正常情況下的假設。

金鐘伏火穴之坐山為澤山咸卦䷞，九運父母卦，葬者為鄧符協之祖父母鄧粵冠及夫人詹氏，由 1054 年開始踏入下元運，五運後十年歸六運管（1054 年至 1064 年），下元六運為 1064 至 1084 年。

傳說中鄧符協在勘察金鐘伏火穴完畢後，回家鄉江西吉水縣將他所繪的地形圖給他舅父看，遭到舅父反對，原因是沒有下關砂，後來發現漏劃了土形山丘之下關砂，未幾鄧符協背着祖父母骨骸到元朗下葬，若這傳說屬實，那麼他的舅父可能就是他的風水師父之一。

另外楊筠松之母親何氏，是江西廬陵人，今之吉水縣，父親早逝，母親改嫁竇州商人，故鄧符協祖籍家鄉，與楊公母親何氏家鄉吉水縣是同鄉。不排除楊公（公元 834 至 903 年）曾傳風水真道於江西吉水縣鄉人，而後來的鄧符協得其真傳。(鄧符協約生於公元 1029 年至 1034 年，約終於公元 1104 年至 1109 年，年齡約 75 歲至 80 歲之間)

以鄧符協帶着祖父母骨骸到元朗黃屋村山後造葬於金鐘覆火穴上來說，明顯地其祖父母已去世多時，並葬於別處，然後再遷葬在金鐘覆火穴。一般人下葬棺木後，六至七年後屍骸始能化掉，在落葬至執骨的時間，至少在七至八年後始能完成。

後鄧符協再將父母鄧日旭骨骸葬於半月照潭穴，坐山為山地剝卦䷖六運卦，天地否卦䷋九運卦來龍，大局水口走巽方。在掘開穴地時，發現一石識碑文，為先哲白玉禪師地識一首。曰：「**長沙左手接青羅。右攬青衣濯碧波。深夜一潭星斗現。裏頭容得萬船過。有人下得朝陽穴。十三年內即登科。若是世人尋不得。回頭轉問釣魚哥。**」

穴地原貌前面是海，前朝青衣島，估計近穴處有橫欄石案，即現時香港荃灣荃運工業大廈一期及二期緊貼之後方，地下全是石層，此穴坐山為六運卦，與金鐘伏火穴九運卦，均為下元卦運，理應在下元六運時卜葬，六運為 1064 年至 1084 年。若他在 1074 年造葬，在假設鄧符協在公元 1029 年己卯年至 1034 年甲戌年之間出生之下，那麼他造葬父母親時，當時鄧符協的年齡大約為 40 至 45 歲之間。

照常理判斷，鄧符協先造葬太公鄧漢黻在玉女拜堂穴，時間約為 1049 年至 1054 年之間，為五運後十年，屬上元運，鄧符協的年齡約 20 歲至 25 歲之間。若然他在 1054 年至 1064 年間再造葬他祖父鄧粵冠及祖母詹氏，他的年齡約為 30 歲至 35 歲之間。最後再造葬自己父母鄧日旭於半月照潭穴。以這兩個屬下元運大穴地之力，足以令他於 1069 年考得進士，年紀約為 35 歲至 40 歲之間。

鄧符協風水地師，為鄧族第四世祖，喜愛結交有才能的人，曾經買田地來資助四方八面來求學之人，在現在人來說就是扶貧助學。他本人葬於元朗橫洲大井村丫髻山穴名「仙人大座」，庚山甲向，坐山為貪狼一運父母坎卦䷜上爻，水口為貪狼一運父母震卦䷲三爻，為上元一運父母卦。這有三個可能性，筆者繼大師述之如下：

（一）第一個可能性，是由於元朗橫洲是在海邊，葬時為下元八運，穴位前面收水。

（二）第二個可能性，是鄧符協地師如在公元 1104 年至 1109 年（八運）去世，葬在仙人大座穴，立下元向度，吩咐後人，待公元 1144 年後始重立上元向度，即現時的一運貪狼坎卦坐山。

（三）第三個可能性，是鄧符協地師如在公元 1104 年至 1109 年（八運）去世，葬於別處，待公元 1144 年後始遷葬在仙人大座穴。

假設鄧符協地師生於 1029 年至 1034 年間，若他在 75 歲逝世，當時應該是公元 1104 年至 1109 年，若他在 80 歲逝世，時為 1109 年至 1114 年。造葬時間約為下元八運（公元 1104 至 1124 年）內。鄧符協本人的風水學問肯定有傳人，甚至生前已點好了仙人大座穴，且吩咐後人如何造葬，墳碑立何向等，時為下元八運，配合了穴地元運。

鄧符協地師有兩子，大兒子 ── 鄧陽，長子嫡孫 ── 鄧珪，兩曾孫 ── 鄧元英、鄧元禧。

鄧符協第二子 ── 鄧布，孫鄧瑞，生三子，曾孫 ── 鄧元禎、鄧元亮、鄧元和。

鄧符協共有五個曾孫，即：「鄧元英、鄧元禧、鄧元禎、鄧元亮、鄧元和」，演變成日後鄧氏主要的五大房派系之主流祖先，後代子孫繁衍，多達十多萬人，至今已經歷了差不多一千年。

其中以鄧元亮為二房，父為鄧瑞，鄧瑞是鄧布之兒子，鄧布為鄧符協之第二子，鄧元亮為二房中之二房，曾敕封為**「宋七世祖君稅院郡馬封君敕授承直郎」**，其子鄧氏八世祖鄧自明先生，為宋高宗皇帝之女婿，宋光宗皇帝之姑丈。

鄧族子孫世居於元朗錦田，以鄧元亮祖先最為主要，影響香港整個元朗鄧族深遠，與其他房共五大房口，後代多是名門望族及高級知識分子。

以「玉女拜堂穴、金鐘伏火穴、半月照潭穴及仙人大座穴」來說，所有穴地前方中間，無論是堂局、案山、朝山，大部份是收逆水，尤其是玉女拜堂穴為甚，當年鄧符協地師在造葬此穴時，傳聞他曾斷言後代有皇室人員嫁入鄧家，後至北宋末年，尅應了宋高宗女兒嫁給八世祖鄧自明先生，全部朝案堂局都在中間，主二房，故風水尅應以二房最為甚。

五大房之中，居住地方如下：

（一）鄧元英後代，居東莞寮步、竹園、莞城、南街、田瀝。

（二）鄧元禧後代，居東莞石排、福隆、楊公朗、月塘新村、雁田。

（三）鄧元楨後代，居屏山深圳塘尾東莞窩嶺。

（四）鄧元亮後代，居元朗錦田廈村、龍躍頭、大埔頭萊洞、大塘湖、東莞石井、厚街、白鷺、深圳坳下、竹村、北灶。

（五）鄧元和後代，居東莞虎門、懷德、樹田、居岐、北面鄧居、長安、新龍村。

原來所有東莞、深圳、香港新界、錦田所有鄧族人士，都是鄧符協風水地師的後代，可謂子孫滿堂，鄧氏第一至四世祖的風水大地為主，後經歷代鄧氏祖墳亦有不少得吉祥風水穴地福蔭，能承接祖上風水大地之氣，故福份綿綿不絕，人才輩出，子孫繁衍，後代權貴富有，衣食無憂，這種種一切，全靠第四世祖鄧符協風水地師的功勞。

總結以上所論，鄧符協地師應該生於公元1029年己卯年至1034年甲戌年之間，約公元1104年至1109年逝世。整個鄧氏家族人數達十多萬，這全有賴於他，對於鄧氏族人的貢獻，可謂功德巍巍，非常偉大。

不僅如此，他對於風水學問巒頭、三元理氣的傳播，有着非常重大的貢獻。亦因為鄧族後人對於保育祖先古墳非常努力，代代人均重修古墳，守護古墳，不容許任何人破壞，這種傳承不斷，實在難得。

沒有他們的付出，在香港研習風水學問的人，不能有這些風水案例作為實地考察的例証，在此筆者繼大師向鄧符協先生致敬，並作衷心的感謝！

筆者繼大師現將鄧族一世祖玉女拜堂穴所蔭生至八世祖鄧自明為郡馬之房份列表説明：

鄧漢黻 ── 鄧粵冠 ── 鄧日旭 ── 鄧符協 ── 二房鄧布 ── 鄧瑞 ── 二房鄧元亮 ── 二房鄧自明（郡馬）

一世祖	鄧漢黻 玉女拜堂			
二世祖	鄧粵冠 金鐘伏火			
三世祖	鄧日旭 半月照潭			
四世祖	鄧符協 仙人大座			
五世祖	大房鄧陽	二房鄧布		
六世祖	大房鄧珪	大房鄧瑞		
七世祖	大房鄧元英 二房鄧元禧	大房鄧元楨	二房鄧元亮	三房鄧元和
八世祖			二房鄧自明 （郡馬）	

《本篇完》

（十二）耶律楚材國師略傳

繼大師

耶律楚材，字晉卿，號湛然居士，又號玉泉老人，契丹族，金末元初人，（公元 1190 年至 1244 年），是遼皇族後裔耶律履之子，他博覽群書，善詩文，精通術數，尤精象緯（天文占星術），最初在金為官，後於 1220 年庚辰年，蒙古主元太祖鐵木真（即成吉思汗，又稱成吉思皇帝）伐金，且遍訪賢才，得知耶律楚材之才華，他學識淵博，修禪學，知醫術、五術之風水地理、天文占星……等，故任命他為左右手。

耶律楚材進諫蒙古主鐵木真召見當時被西藏人稱為震旦活佛（震旦即中國）的邱長春真人，他用了三年時間的行程，去見蒙古主，後在新疆地區建立八卦城，並給了寶貴的治國意見給鐵木真，與蒙古主相處了約半年時間。

耶律楚材將自己所編制之《庚午元曆》獻給元太祖，並常言：

「**宋之氣運。恭膺天命也。德昭後亦當興焉。**」又言：「**南北賢帥及夏。金國主有災。**」

後果應其預言。公元1222年壬午年，鐵木真親征，西伐回回，滅其國（今之阿富汗），兵至欣都國（今之印度），破鐵門關，有侍衛見一野獸，形像鹿，尾像馬，有綠色獨角，並作人言曰：「汝等還不早歸」

說後，如風而去。蒙古主問耶律楚材，答曰：「此獸名角端，每日可行十萬八千里，能聽四種外語，今所說之話，是惡煞之象，上天派遣此獸是告之陛下，應當赦免此數國人命，可積無量之福。」元帝聞之，即班師回蒙古

公元1227年丁亥年，蒙古滅夏，其部屬諸將皆爭取金帛、子女，惟有耶律楚材搜取數部秘書經典及中藥大黃，以二駱駝載之，當蒙古兵班師回蒙古途中，軍士患有病疫，惟得大黃可以醫愈，賴此大黃以活萬眾之命，方得全師。是年元帝鐵木真駕崩，四子拖雷監國，是年秋天，蒙古立三子窩濶台為太宗皇帝，任用耶律楚材，殷富治平，軍聲大振。

公元 1233 年癸巳年，蒙古入侵汴，即開封，由粘罕之弟速不台伐金，欲屠汴城人民，耶律楚材馳見勸解，得免汴民之難。

公元 1241 年辛丑年，時蒙古元太宗窩濶台甚喜酗酒，每日飲三酒鐘酒，耶律楚材諫之，是年二月帝患病。楚材諫言：

「天下罪囚多有冤枉，宜大赦之比祈佑。」

帝即命大赦囚犯，後便病愈。耶律楚材又推太乙神數，言帝不宜外出打獵，帝不聽，後在搜獵回程中駕崩，時蒙古由「乃馬真后」稱權專政，楚材因諫不聽，於 1244 年甲辰年憂傷憤怒而卒。

耶律楚材為相二十年，事鐵木真及窩濶台三十餘年，官至中書令，於制度上多有所興革，元王朝立國規模多由其制定，死時五十五歲，死後封號「文正」，著有湛然居士集十四卷，死時惟留琴書而已。

他曾編寫**《庚午元曆》**留有大量醫書及術數書籍，亦曾著有**《乾元祕旨》**，言天星選擇之法，備極詳細，此《天星擇日法》無論陰宅造葬安碑、重修，或廟宇神廟安座，或陽居入伙、結婚、上任、出行等，均可應用。

蔣大鴻先師亦精於《天星擇日法》，即是《七政四餘天星擇日法》，蔣氏認為此法用於扶山相主，正五行擇日法亦可使用，但其氣不及天星之清純，古云：「天清地濁」；但因為天星因年代而變遷，星體運行時移動易位，星移斗轉，必須掌握使用時的天星位置，始能應用。

耶律楚材所著的**《乾元祕旨》**，為《天星擇日法》中之經典著作。

七政四餘天星為：「金、木、水、火、土、日、月。」四餘為：「紫氣、月孛、羅睺、計都。」

《本篇完》

（十三）劉秉忠國師略傳及與《平砂玉尺經》

繼大師

劉秉忠名侃，字仲晦，後更名子聰，（公元 1216 至 1274 年）河北省邢台縣人，精於天文地理等五術，善觀星、占卜及風水地理，隱居於河北省武安山修煉。時值南宋與蒙古並存之時代，蒙古由奇渥温忽必烈統治。

約于公元 1257 年，奇渥温忽必烈聞劉秉忠有道，即召劉氏與僧人海雲二人，請其輔助元朝，用風水之道給予忽必烈相宅，並營建開平府，此地本金之桓州地，今建都於此地（內蒙古正藍旗東），中統五年（1264 甲子年）加號上都，至元五年（1268 戊辰年）名「上都路」，即現在內蒙古多倫縣，離北京以北 250 公里。

由於蒙古主定宗駕崩，於 1251 辛亥年立拖雷長子蒙哥為憲宗，命太弟忽必烈總治蒙古，即是奇渥温忽必烈。1257 丁巳年，蒙古主欲親征伐宋，命劉氏卜其吉凶，秉忠曰：

「宋之國勢將亡，但主上南行不吉。」

兩年後（1259己未年），蒙古主聞宋主將趙葵擺職且病卒（宋改元開慶），即親自將兵伐蜀（四川），但不幸駕崩於軍中。時忽必烈南渡，江淮州縣俱降，宋國大驚，右丞相賈似道密遣使者乞和，忽必烈始班師回朝。

宋景定元年庚申年（公元1260年）蒙古忽必烈即位，建元中統，稱元世祖，定國為大元。封宋披雲真人為通玄弘教披雲真人，主天下道教之事，封藏僧八思巴為國師，主統天下釋門，國勢日盛，安南（今越南）及高麗（今韓國）皆請降。

公元1264甲子年，有慧星出於柳（即柳宿，稱鶉火，是廿八宿中南方朱雀八顆星中之第三宿。）劉秉忠先生謂忽必烈帝曰：「宋主將殂矣。」於是元改元至元，劉秉忠為光祿大夫太保。而元朝有兩個年號是相同，均稱至元，茲列如下：

（一）元世祖 —— 奇渥温忽必烈，年號有中統（1260至1264年）及至元（1264至1294年）。

（二）元順帝 —— 奇渥温妥懽帖睦爾，年號有：至順（1333年），元統（1333至1335年），至元（1335至1340），至正（1341至1368）。

而劉秉忠先生所拜太保之年代是公元 1264 年甲子年，非元順帝之至元元年公元 1335 年。此關於劉秉忠先生之時代年份，在清、潘昶所著之《金蓮仙史》中有清楚之記載。筆者繼大師轉述如下：

「癸酉年，元軍攻陷樊、襄兩地，翌年，公元 1274 甲戌年，劉秉忠先生居於南屏精舍，無病而逝，令元主忽烈甚爲驚悼也。兩年後（1276 丙子年）元正式一統天下，1278 戊寅年，左丞相陸秀夫負宋帝昺在崖山跳海而死，宋至此俱亡矣。」

而劉氏以風水及占卜等術數，輔助忽必烈建都立國，功勞非輕，而人生在世，能修煉至無疾而終，亦非易事。

明末，有署名劉秉忠所著之《平砂玉尺經》流行於世，被三合家奉為重重經典，至清初 1690 年庚午年，蔣大鴻先生著《平砂玉尺辨偽》錄於《地理辨正注》內，蔣氏認為此經是偽造，影響深遠，荼毒眾生，故寫辨偽文辨之。於 1827 年丁亥年張心言地師再註解出版，書名《地理辨正疏》，流傳至今，對後世三元地理在理氣方面，有一定的影響，歷代三元家奉為經典之作。

《本篇完》

劉秉忠（釋子聰）像，及在《英烈傳》中之劉伯溫像。

劉伯溫像

劉秉忠（釋子聰）像

《英烈傳》中之劉伯溫

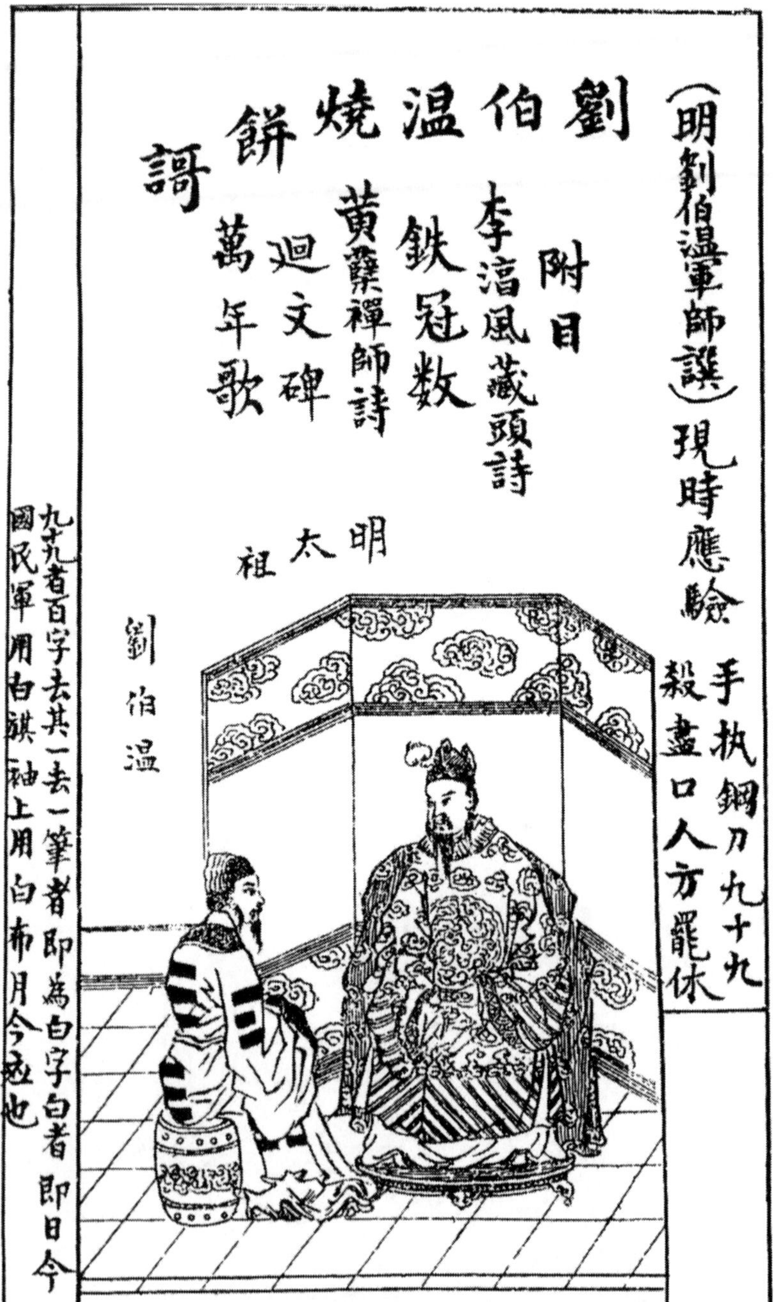
（明劉伯溫軍師撰）現時應驗
手执鋼刀九十九
殺盡口人方罷休
劉伯温燒餅謌
附目
李湻風藏頭詩
鉄冠数
黄蘗禪師詩
迴文碑
萬年歌
明太祖
劉伯温
九十九者百字去其一去一筆者即為白字白者即日今
國民軍用白旗袖上用白布月今应也

劉伯溫《燒餅歌》封面

（十四）劉伯溫國師略傳及與《平砂玉尺經》

繼大師

劉基字伯温（1311 年至 1375 年），浙江省青田縣（今文成縣）人，故又名劉青田，祖籍陝西保安（志丹），南宋抗金將領劉光世的後人，是元末明初軍事家、政治家，文學家及詩人，通曉經史、天文，精兵法及風水。他輔佐明太祖朱元璋完成帝業，並保持國家安定，因而馳名天下，被後人比作為諸葛武侯，授資善大夫、上護軍，封誠意伯。

明武宗朱厚照（正德皇）時追贈太師，諡文成故又稱劉誠意、劉文成。作《燒餅歌》、《金陵塔碑文》和《救劫碑文》又名《陝西太白山劉伯温碑記》預言後世的盛衰。

明萬曆年間，相傳是由劉伯温注解署名劉秉忠所撰寫的《平砂玉尺經》大大流行於民間，明末清初時盛行於世，為三合家所尊崇。

蔣大鴻得無極子真傳，知此是偽經，故註《地理辨正注》一書，以辨真偽。蔣氏說，時師利用風水謀生，熟讀此經，則可行走江湖，使衣食無憂。蔣氏並引述自己得風水真訣後，至大江南北，考証皇陵、名家墓宅，無不應驗，故極力辨斥此經之偽。

蔣氏認為風水之道隱秘，不在鬧市中，當藏在曠世之地，只給淡泊名利之君子得知，以風水扶助君皇復興及治國，使國運興隆，得到風水真道有大智慧之人，不敢冒然將其秘密公之於世。

蔣氏說，劉伯温輔佐朱元璋完成帝業，開創明朝，因而馳名天下，他生前所學的天文地理數學之書，呈獻給朝庭，從無片言隻字留在家中教其子孫，更何況他那會肯著書立說而傳於世上呢！故此凡在坊間術數書本稱劉青田著者，皆屬於偽書。

因此蔣氏著《平砂玉尺辨偽》錄於《地理辨正注》內，後張心言再疏解，改名為《地理辨正疏》，流傳至今。

《本篇完》

（十五）目講師（無著禪師）略傳

繼大師撰

在《地理索隱》一書中，為無著禪師所著，他在首頁序文中有自我介紹，目講師或幕講師，又名無著禪師，俗名王卓，字立如，福建泉州府人，少年讀書，【元】賜進士出身，當時局勢動亂，無意任職官場，自稱仿效司馬子長（註）遊覽名山大川，觀光廣識，並作文章以名後世。

繼大師註：「司馬子長」即「司馬遷」（西元前 145 至前 90 年），字子長，左馮翊夏陽，西漢時期史學家。司馬遷在年輕時遊歷江淮、巴蜀、西南夷與中原地區，後繼承父親之職，任太史令，並持續撰寫《史記》。

西元前 99 年（天漢二年），李陵伐匈奴兵敗被俘，被漢武帝認爲是叛降，遷怒於爲李陵，司馬遷爲他辯護，激怒了漢武帝，將司馬遷處以腐刑（閹割）囚禁，其後司馬遷在出獄仍堅持不輟，撰寫《史記》，爲中國歷史上一偉大著作。

一日目講師在河南省名山內一茅舍中，見一老道人，中年已踰古稀，鬚鬢蒼然，對目講師說：「你相貌非凡，為何胡為至此？你若肯拜我為師，不必擔憂聲名不顯，可惜你額上有華蓋紋，兩眉無彩，但擔心你福份不足，而我亦老矣，急欲得傳人，願將生平所學全部傳授給你，你意思如何？」

目講師王卓立即下拜說：「願意接受教導。」於是學習數月，包括「兵法、陣圖、六甲、八門」之書，老道人謂，熟讀這些書，可以為王者之師。於是再教了他半年，後老道人取出〈天文一卷〉給目講師王卓，使他日夜閱讀學習。

一日老道人病了，並對目講師王卓說，我大限將到，還有《河洛理數、青囊經》等風水理氣書籍，未傳給你，並叫目講師在他的筐中取閱，將來或可用得上。

數月後，老道人病逝，當時國家正處於動亂，民間反元之士四起，當時目講師將所學得的，用於濟世，試用於人。因為他得來容易，所以不以為意，引致他幾乎身遭厄難，於是改姓埋名。

其後他隱跡在浙甯郡南門柳亭菴出家為僧，自號「無著」，後人稱他為「無著禪師」，他以地理救貧濟世，名滿江浙一帶，考証古墳名穴，取古巒頭書籍，細細揣摩，自言知音難遇，勉強指點人卅多年，給人家點穴造葬有七十二穴，八十四歲時在四明（卽寧波）之無量庵，將卅多年心得而著《地理索隱》，後卒於寧波。

世傳除有《地理索隱》外，更有《目講金口訣》、《神火精》、《紫白訣》、《平地元言》、《外氣行形集》、《奇驗經》、《論山水元運易理斷驗》，為一代風水宗師，後傳至無極子，再傳蔣大鴻風水祖師，傳承不絕，對風水玄學，貢獻良多。這本《奇驗經》亦是他所撰寫，為得意之作。

《本篇完》

附《地理索隱》序

地理索隱序

予閩之泉郡人也姓王名卓字立如少讀書既取科名因天下洶遂
無仕志欲效司馬子長周覽名山大川交遊一世豪傑博采奇聞異
觀充廣識見蓋將作為文章以名後世也一日次豫省登　一
道者處茅舍中年踰古稀精鬢蒼然見予曰觀子狀
人也胡為而至此予量其為隱者告之以故道者曰予肯師吾不憂
名之不顯惜子額上有華蓋文兩眉無彩但患福之不至耳然吾
既老而無用急欲得其人傾將生平所學盡授予子之意如何予
即下拜曰願受教余小心敬慎事之數月　兵法陣圖六
甲八門之書曰熟此堪為王者師指示半載已了然矣復出天文一
卷示予晝習夜規頗有理會一日師病歸曰吾大限將近尚有河洛
青囊理氣等書未之傳汝汝去吾從中取視大蓋無難之也將來
或濟予用越數月而吾師年墓之未歸彼時英雄四起予因樂為
試用不意誤得所從幾遭厄難遂變姓名從事空王自思既際其
時不能顯名于天下此身終無歸著因自號曰無著回憶師言謂
青囊等書亦濟世用大約預教我此術終身也於是博取古蹟頭
書細細揣摩兼之登高陟險體貼山川性情遍從古今名墓考驗
人家休咎不數年而此中神理已澈於知者雖遇勉强指人應三十
餘年之久僅甚七十二穴今筋骨已衰艱于行步乃休歸于無何
有之鄉將平昔所親知灼見與頭之理并從古人已言中所隱而未
顯人見之而未見予見之而見者一一闡發殆盡撰成一編以待識者
且自謂能搜索隱微即名之曰地理索隱余三十年之苦心畢聚於
是未必不少補於地理也倘後之人以余言為可據則余之名傳而余之厭
亡慰矣至於理氣一道真偽錯雜誰具慧眼能于沙裏淘金悟出
本來面目余幸得師傳窺見古人神髓編為金口訣神火精華
篇其中詳述水龍妙理實係天機未敢盡洩苟不得其人唯
藏之名山以待氣運之自至耳　僧無著序於四明之無量庵時
年八十有四

（十六）風水祖師蔣大鴻略傳

繼大師

（繼大師註：原文錄於《榮光園有限公司出版》繼大師著《風水祖師蔣大鴻史傳》一書內，此文於庚子季秋再次重修。）

蔣平階字大鴻，原名雯階字馭閎，嗣名許岳，又名旻珂或元珂，號中陽子又名宗陽子，人們稱杜陵夫子，生於明萬曆四十四年丙辰年十二月廿七日辰時，（公元 1617 年 2 月 2 日。）世代住江蘇華亭張澤，今之上海市松江區張澤鎮，蔣爾揚進士之姪兒。

上海辭書出版社出版的《葉榭鎮誌》〈大事記〉第七十九頁云：

「明崇禎七年七年（1634 年）進士蔣爾揚居此。（蔣爾揚，字抑之，曾官湖南道州知州）……蔣姓氏族興盛時期有「蔣半鎮」之稱。蔣氏從子平階（蔣大鴻）乃明末抗清英雄。其在宅後掩埋兵器兵書。出亡至閩。續護唐王抗清。後人稱掩埋兵器兵書處為〔兵書墩〕（今鎮敬老院）。列為古蹟之一。」

蔣大鴻是嘉善縣學生，年少時得其祖父蔣安溪先生教授他風水巒頭功夫。年青時，在幾社（文人讀書聚集之會社）之儒生中很有聲名，常與其文學老師江南名士陳子龍來往，且是深交。上海辭書出版社出版的《葉榭鎮誌》〈大事記〉十一頁內云：

「崇禎十七年（1644甲申年）里人蔣平階（字大鴻）**仇清軍入侵。志亘復明祚。募兵起義。迨清人統治。失敗後出亡至閩。續輔唐王抗清。」**

崇禎十八年（1645乙酉年）時清軍攻入江蘇三浙之地，虛齡卅歲的蔣氏，南逃入南明據守之福建，後任兵部司務，且升至御史一職。福建在將失守前，因彈劾鄭成功父親鄭芝龍後，棄職離開福建，且遊於八閩之地及大江南北，四十歲時還未結婚。

蔣氏於平原曠野中遇見無極子，且傳他風水秘法。後定居浙江紹興若耶樵風涇，並傳授風水，其唐弟蔣雯篙（字姬符）亦是他的弟子，且著書立說，留傳後世。

（繼大師註：若耶溪在浙江省紹興市區境內一條著名的溪流，今名平水江。相傳若耶溪有七十二支流，自平水而北，會三十六溪之水，流經龍舌，匯於禹陵，然後又分為兩支，一支西折經稽山橋注入鏡湖，一支北向出三江閘入海，全長百里。）

蔣氏晚年來往丹陽，暫居兩地，與人造葬，且傳授風水秘法。1679年己未年，他拒受康熙皇帝征招「博學鴻儒」之舉薦，晚年時，說起他青年時的往事，皆很激動，常緬懷過去的明治時代，是一位愛國的風水明師。

由於當時盛行三合風水，以署名劉秉忠著《平砂玉尺經》為宗，甚為流行，蔣氏為了闢除偽經之謬，於是在坊間搜集名家黃石公、赤松子、楊筠松、曾求己等名家所著作之各種風水秘本，後於1690庚午年著《地理辨正注》，並出版以辨正當時的三合風水《平砂玉尺經》偽書，《地理辨正注》一書內有其弟子姜垚註《青囊奧語》及著《平砂玉尺辨偽總括歌》。

據其弟子姜垚著之《從師隨筆》記載，在1705年，蔣氏九十虛歲高齡時，仍為商姓福主遷葬祖先，他的記錄至1714年，最少壽至九十九虛歲，是一位長壽老人。

蔣氏晚年卒於紹興，臨終前囑咐門人弟子要把他葬在紹興若耶樵風涇林家灣與林家匯間自卜之吉穴上，名「螺螄吐肉形」。其子蔣無逸，精於書畫，卒於廣東。

其實蔣大鴻先師除精通風水外，亦精通兵法，是當時的反清復名義士，自己出錢募兵起義，但可惜明朝氣數已盡，無力挽回。蔣氏生於公元 1617 年 2 月 2 日，2 月 3 日為立春日，故他生於四絕日，青年時險遭王難之險，晚年長壽且聲名遠播，成為風水界上的歷史人物。

蔣氏著作有：

《地理辨正注》、《水龍經五卷》（輯訂）、《八極神樞注一卷》、《黃白二氣說》、《歸厚錄》、《天驚三訣》、《蔣公字字金》、《天玉外傳》、《玉函真義》五篇（即《天元五歌》），於一六五九己亥年著，並包括《醒心篇》一卷在內，後又著《天元餘義》、《古鏡歌》。

另筆者繼大師之恩師 呂克明先生藏有《洩天機卅六訣》，是張心言地師所撰寫，是張氏傳給他的姪子「張南珍 — 字雨香」，此秘本部份曾錄於在清末廣東梅縣大埔堪輿明師劉仙舫先生在一九〇八年戊申年所傳之《元空真秘》一書內。近代無常派風水地師孔昭蘇先生亦有此藏本。

蔣氏又著有明末朝廷內各政黨鬥爭內幕的《東林始末》一卷（《四庫全書》存目並宋府志，內述明末東林政黨事情）、《陽宅指南》、《傳家陽宅得一錄》（即《八宅天元賦》）、《平砂玉尺辨偽文》（錄於《地理辨正疏》內）、《天玉經外傳》、註解無極子著之《洞天秘錄》等。另外有著作達百多卷已失散。

蔣大鴻先師的門人有：蔣翼明（蔣大鴻之從叔）、蔣雯篙（蔣大鴻之祖弟）、王永台（蔣大鴻祖母之姪孫）、王錫礽、姜垚、張仲馨、駱士鵬、呂相烈、呂師濂、呂洪烈、胡泰徵，畢世持、姚恒洪、王濟善、李衡、沈億年等人。

蔣平階生平在《葉榭鎮縣誌》有記錄，原錄于《華亭縣誌》，筆者繼大師錄之如下：

蔣平階（蔣大鴻）**初名雯階，字大鴻。居張澤鎮。爾揚猶子。嘉善籍諸生。崇禎間。在幾社有聲。乙酉**（1645年）**亡去赴閩。唐王授兵部司務。晉御史劾鄭芝龍。跋扈人咸壯之。閩破。服黃冠亡命。假青烏術游齊、魯、轉徙吳越。樂會稽山水。遂止焉卒。遺命葬若耶之樵風涇。**

平階少從陳子龍游。（陳子龍在清乾隆間，追謚忠裕。）**詩文詳贍典麗。凡天文、地理、陰陽曆數諸書。洞究無遺。尤諳兵法。時遇權閹。未展所學。晚益精堪輿。著書以傳世。康熙間。**（己未鴻詞）**有欲以博學鴻詞薦者。大鴻亟止之。好談幾社軼事，感慨跌蕩。涕淚隨之。聞者哀其志焉。弟雯篙。字姬符。諸生。篤於孝友。能文。楊肅、章戩皆重之。平階子無逸。工書畫，卒於廣東。**

繼大師註：蔣大鴻之文學老師爲陳子龍（1608年 – 1647年），字臥子，號軼符，晚號大樽，明末政治人物、詩人，直隸松江府華亭縣人（今上海市松江區），精於詩詞歌賦及古典文學，明朝崇禎十年一六三七進士，選爲紹興市掌理司法的官員。一六四四年北京失陷，南方擁立了福王朱由崧弘光皇帝爲繼承人，乃事福王於淮安，因屢次進諫不聽而退休。

陳子龍與同邑夏允彝兩人名氣頗大，夏允彝死，陳子龍念祖母年九十，不忍分離，後出家爲僧，南明魯王朱以海（魯肅王）受王部院職，後在太湖招兵反清，事敗被擒獲，其間抱着清兵投水而同歸於盡，時爲永歷元年（公元1647年）年四十。

清乾隆年間，追謚忠裕。著有《陳忠裕全集》，後附詩餘一卷。陳子龍詞原有湘真閣、江離檻兩種，早經散佚，今所傳爲王昶輯本，武進趙氏匯刻明詞，亦曾收入。詞學衰於明代，至陳子龍出，宗風大振，開三百年來詞學中興之盛。

《本篇完》

（十七）張心言風水明師生平與《地理辨正疏》

繼大師

張心言，字綺石，生年不詳，約「乾隆末至嘉慶初」年間出生，（乾隆：1711年－1799年，嘉慶：1796年－1820年。）活躍於道光年間，（道光：1821年－1850年。）祖籍江蘇海鹽，後居橫山，（今之常州市東南17公里之橫山橋村。）

張氏年幼時是孤兒，長大之後，想找風水吉地將雙親造葬，於是決心學習風水。在研究了山川形勢廿多年後，對於穴地形勢之真假，一看便知，但對於墳穴之立向功夫，始終捉摸不定。於是遍遊八閩、江西、江南各省勘察名墓，尋訪各處風水高人隱士。

（繼大師註：「八閩」是福建省的別稱，福建省在元代分福州、興化、建寧、延平、汀州、邵武、泉州、漳州八路，明改爲八府，故有八閩之稱。）

張氏後得蔣大鴻秘本《洩天機卅六訣》，始悟得三元易卦風水真諦，無疑無惑。

（繼大師註：坊間有署名無際山人於 1982 壬戌年著《三元玄空大卦祕傳》，並於 1986 丙寅年由武陵出版出版。據說原著是明代孫長庚國師所寫，後來經人修改，書中第 67 頁內有提及在清末廣東梅縣大埔堪輿明師劉仙舫著《元空真祕》。

劉氏曾隨吳星亭地師學藝，他在學習期間將心要記錄，於一九〇八年戊申年集錄成此書，並於一九二〇年庚申年出版。據筆者繼大師所知，《洩天機卌六訣》的部份口訣，由劉春之及劉品珍所修訂。另外還有鐘義明註解《玄空大卦祕訣破譯》爲明朝孫長庚所著。）

張氏自此回鄉之後，與朱爾謨、徐芝庭、崔止齋、潘景祺等志同道合之士，朝夕鑽研風水卦理，並深信風水易理，不外乎方圖及圓圖，並發覺宋代邵康節先生所著的《皇極經世》是由易卦圖象推算而來，他再覆核《天玉經》等各經之說，無非是弘揚及發揮易經之理。

張氏研究蔣大鴻註解黃石公、赤松子、楊筠松、曾求己等名家所說的風水經典，由於蔣氏傳註《地理辨正注》內等諸經，有《青囊經》、《青囊序》、《青囊奧語》《天玉經》、《都天寶照經》，他發覺經內字字珠璣。張心言先生既得蔣氏三元風水卦理真傳，但懼怕日後失傳，故將《地理辨正注》逐一疏解，說明易學之理，更將朱爾謨、除芝庭、崔止齋等道兄的部份易卦理論加入註解內容內，在書內卷末的〈附考〉內，有引述孔穎達先生所說的易理，張氏不敢一人獨得，故說出其部份秘密，公諸同好。

張氏認為風水地理難勝天理，求穴地要修德，否則未必得到，或因此而臨時放棄，或穴地遭到破壞。並相信天道之理，在於福善禍淫，全由卦理易數演繹。

在清初期間，盛傳三合偽法，蔣大鴻先師在民間遍尋風水秘本，為了辨偽，於是著《地理辨正注》一書。在道光七年丁亥春（公元 1827 年）張心言地師將蔣大鴻先生註解的《地理辨正注》在卷首加上卦象圖表。有：

「先後天八卦、六十四卦橫圖，來自陳希夷所傳之三元六十四卦內外盤及方圓圖」等，再加上「八宮卦序歌、卦運圖、挨星圖、七星打劫圖、父母子息順子局及逆子局各四十八局圖、手盤圖式、六十四卦口訣。」

張氏又在卷末〈叢説〉內撰寫〈三合源流〉、〈三元偽法〉及〈形理總論〉等文章，以續蔣氏辨偽之道，書名改為《地理辨正疏》，朱栻之先生撰寫序文於卷首，其姪兒張南珍先生作跋文於書後，並將三元風水易卦作有限度的公諸於世，此書版本流傳至今。

此書現時坊間有三個版本，分別是武陵出版社、瑞成書局及竹林書局發行，國內出版有多本繁體及簡體版本，甚至美國哈佛大學圖書館內，亦有收藏此版本書籍。

（繼大師註：筆者繼大師於 1987 年開始隨恩師 呂克明先生學習三元易卦風水，第一本的理氣書籍就是《地理辨正疏》，是為三元易卦理氣之根本理論，有黃石公、赤松子、楊筠松、曾求己、蔣大鴻、姜垚、張心言等名家的傳承。

坊間有很多《青囊經》、《青囊序》、《青囊奥語》《天玉經》、《都天寶照經》不同名家的註解。故曾求己著《青囊序》說：

「楊公養老看雌雄。天下諸書對不同。」

筆者繼大師在深入研究易理之後，發覺由張心言地師疏解《地理辨正疏》諸經的版本，是一本最好的三元風水理氣書籍。雖然坊間有不少人批評張心言地師，尤以無常派爲甚。

無常派以章仲山先生學說爲首的派系，以無錫常州市爲名，簡稱「無常派」，近代以孔昭蘇先生爲代表者，此派稱張氏未得蔣氏真傳。在馬泰青著《三元地理辨惑》內第五十四問（榮光園有限公司出版第四十三頁至四十四頁）云：

「彼朱旭輪。乃無錫人。與章仲山同里。又先後俱是道光年間人。且是訣。非傳不會。雖蔣公尚稱其師爲無極子。彼二人著書。不言其師爲誰氏。已屬忘本之人。

廣陵人曾向余言。章仲山遊維揚。巨族爭延之。徒手得謝禮萬餘金。不曾與人葬得好墳。乃熟於理氣。而昧於形勢者也。是以因章而疑朱。恐其僅知挨星之法。而昧於形勢耳。」

事實上風水之真訣，在於形勢及理氣上的配合，兩者不能捨其一，若章仲山先生只懂理氣而不精於形勢，則造葬時仍然會出錯。以得真口訣的人來說，真假亦毋須爭辯，真訣可在風水造葬的證驗上而得到答案，使真僞立判，惟有緣而又具善根者得之。）

《本篇完》

（十八）馬泰青風水明師生平與《三元地理辨惑》——附馬泰青年譜

繼大師

馬泰青先生，字清鶚，又名「達菴」及「清壽」，字號「灑灑落落布衣」，於公元 1813 年嘉慶十八年癸酉年，出生於中國陜西省，後舉家移居安徽省桐城市，堂叔為馬伯樂，兄為馬介青，家中排行第三，十多歲即應考科舉，擅長文學詩詞。

於虛齡二十歲（道光十二年，公元 1832 年壬辰年）獨自客遊四方，先後遊於安徽、河北、河南、山東、江蘇、姑蘇、揚州，遠至塞外（今外蒙古中國邊界）先後達十六年之久，期間遇上三合、五行、撥砂、輔星等門派的師傅，隨即跟他們學習這些風水典籍之法。

更苦研《地理原真》、《天機會元》、《金玉鐵鉛四彈子》、《地理大成》、《地理大全》、《地理綱目》、《地理人子須知》、《山洋指迷》、《羅經解》等各種風水書籍，日夜不懈，於登山考察古墳後，其證驗與這些風水書籍大有出入。

不久，得友人張載勳先生介紹，並告知他曾有姓李地師到同鄉的總憲姚伯昂先生處，此李地師能觀墳塋的地圖，即知某年當發及衰敗，某房在某年應何事等，他論墳穴後人之吉凶，有如親自目睹一樣，非常靈驗，馬氏隨即想前往拜訪李師，但李師已離開北京姚先生處。

當時馬泰青受漠北友人之聘，（「漠北」即蒙古高原大沙漠以北之地區）但很渴慕拜見李地師，於是便起程前往姚伯昂總憲處，時行至塞外（內蒙古）剛好已是第二年丁未年（公元 1847 年），姚來信謂李師已到了北京。於是馬泰青辭了高薪之工作，立刻回京，祈請李師收他為徒，但卻被李師所拒絕，於是請求姚總憲給李師為他推介。

丁未年之夏（公元 1847 年）始得與樂亭李振宇地師見面，約三、四次之請求下，始得獲允許收為門下弟子，並與李振宇師父相約，誓不將三元元空風水學問濫傳，是年虛齡三十五歲，後從李師從遊年餘，乃盡得李師真傳，後又覆驗舊墳數年，始無疑惑，自嘆得真訣之難。

道光二十八年戊申年（公元 1848 年），虛齡三十六歲，馬泰青先生離開李師遊廣陵（蘇州揚州市）、姑蘇、北至關外（中國與內蒙邊界）考察古墳、帝蹟、皇陵達十八年之久，但只略知大概，粗略地認識其風水的作用，卻未能精微深入。

後馬氏刻苦研究，曾親見六種山地形勢，南方之「高山、大壠、平崗」，北方之「平原、平陽、水鄉」，於是對於風水巒頭理氣皆能精湛，為親友們點穴造葬，甚有吉應，且有速效。

有蘇州揚州市之人曾向馬氏説，有章仲山地師去揚州看風水時，各名門望族人等，爭相延聘他，給了他萬餘兩黃金作謝禮，亦不曾給人家葬得好墳。

（繼大師註：章仲山與朱旭輪是同鄉，同屬道光年間有名氣的揚州地師，章仲山於道光元年辛巳（1821 年）仲春著有《地理辨正直解》，其中《陰陽二宅錄驗》是嘉慶十八年癸酉年，1813 年手定本。於 1874 年，沈竹礽與胡伯安，以重金向章仲山後人借閱後日夜抄錄，後改名爲《宅斷》載於《沈氏玄空學》一書內。

又於道光三年癸未 1823 年後收入《心眼指要》內。章仲山於道光三年癸未 1823 年著《玄空祕旨批注》，後收入《心眼指要》一書內。此書在道光十六年丙申年 1836 年出版。）

於同治三年甲子年（公元 1864 年）虛齡五十二歲，馬泰青與其兄馬介青之學友張承華先生，在鄉間安徽省桐城市里門相遇，張氏亦曾習風水二十多年，兩人遂成為好友，且張君自卜之墳穴，亦請馬泰青為他作鑑證，後張承華勸請馬泰青謂：

「既得真傳。何不示人以迷津覺岸。以惠天下之爲人子者。」

於是馬泰青於平時人們所問的風水問題中，以問答形式而作一記錄，於同治三年甲子年（1864 年）作成《地理辨惑》六十條，是虛齡年五十二歲，於是人們互相抄錄，並流傳於坊間，後有兩位客人冒言登訪求教真訣，其中一人聽後慚愧憤怒而去，另一人恭謹畏懼地求教。

於是乎，便相繼與此客人之問題作答，後再得四十條問答。於同治五年丙寅年（公元 1866 年）秋天，是年虛齡五十四歲，便編成此本《三元地理辨惑》〈上下卷〉，共一百條答問，是年五十四歲，並得張承華君作序文，繼而流傳於抄錄者手中。

於光緒十四年戊子年（公元 1888 年），有小杜氏陳詩先生，在其友人蔣潤生處，得到這本《三元地理辨惑》，此卷《三元地理辨惑》來自安徽省，當時在粵東坊間無此售本，杜陳詩的朋友見之，各人爭相索而觀看，抄寫後仍然不足以應付朋友們之需求，於是杜陳詩即交付予刻版印刷，以廣傳後世。

於光緒庚寅年（公元 1890 年）秋天出版，公開廣傳流通。（是年公元 1890 年，馬泰清先生如果健在的話，虛齡爲七十八歲。）

據小杜氏陳詩在書後撰跋文所說，他於公元 1888 年戊子年得其師父鐵嶺山人各種風水口訣，與《青囊經》、《天玉經》、《都天寶照經》、《天元歌五篇》、《天元餘義》等經互相引証，無不吻合，並被視為真得三元元空學真口訣之書。

馬泰青先生在他的風水人生路上，可分為四個階段，茲列如下：

（一）求法時期 —— 筆者馬泰青在少年時即擅長文學詩詞，因渴求風水學問，為求明師，廿歲（公元 1832 年）即獨自四處遊歷達十六年之久，遇到五行三合、撥砂、輔星等風水師傅即往求教，更苦研風水古籍，始終未能得遇風水明師。

（二）學法時期——馬泰青在卅五歲時（公元1847年），得友人張載勳之助，及同鄉總憲姚伯昂之推介，得遇李振宇明師（李師爲樂亭人士，今河北省唐山市所轄的一個縣。）

雖然四次遭到拒絕，但都誠懇地繼續堅持，終於獲收為門下弟子，可謂求法艱難，精神可嘉。用了約一年半的時間去學習，與李師朝夕相處，竭盡忠誠，盡得李師真傳。

（三）深造時期——公元1848年，時馬泰青虛齡卅六歲，在得到風水真口訣之後便離開李師，但對於風水學問只有粗略認識，未能達到精微深入；隨即以十八年的時間，獨自四處遊歷，考察名穴古墳、帝蹟、皇陵，刻苦鑽研，將學到的風水真口訣，加以實踐。

考察時遇到六種地形，為：「高山、大壠、平崗、平原、平陽、水鄉。」累積豐富經驗，對於風水巒頭及理氣均非常精湛，與親友先人點穴造葬，皆有快速的吉應。

（四）弘法時期——馬泰青得其兄長馬介青學友張承華先生的勸請，請求他將風水真道著書傳世；

於是馬泰青在平時與人們所發問的風水問題中作答，全數共一百條，編輯成書，名《三元地理辨惑》，後得以流傳至今。

（繼大師註：現代廿一世紀初，在坊間出版之《三元地理辨惑》，有台灣集文書局及瑞成書局版本，分別是精裝版及平裝版，亦有香港上海印書館出版之平裝版本，各種版本完全一致，

這所有的版本，大部份都出自於五華之孔昭蘇地師在民初所收藏之百本元空祕本中的其中一本，現已公開出版於坊間。）

《本篇完》

《附馬泰青風水明師年譜》

公元紀年	虛齡歲數	古代紀年	活動事跡
公元 1813 年	1 歲	嘉慶 18 年 癸酉年	出生於中國陝西省，家中排行第三，後舉家移居安徽省桐城市。
公元 1828 年 至 1830 年	16 歲 至 18 歲	嘉慶 33 年 癸酉年至 35 年乙亥年	應考科舉，擅長文學詩詞。
公元 1832 年 至 1848 年	20 歲 至 36 歲	道光 12 年 壬辰年 至 道光 28 年 戊申年	先後遊於安徽、河北、河南、山東 、江蘇、姑蘇、揚州及外蒙古，期間跟隨三合、五行、撥砂、輔星等門派的師傅學習。日夜苦研《地理原真》、《天機會元》、《金玉鐵鉛四彈子》、《地理大成》、《地理大全》、《地理綱目》、《地理人子須知》、《山洋指迷》、《 羅經解》等風水書籍，於登山考察古墳後，這些書籍均沒有證驗。

公元紀年	虛齡歲數	古代紀年	活動事跡
公元 1846 年	34 歲	道光 27 年 丙午年	在蒙古沙漠以北的高原地區工作，友人張載勳介紹，得知有三元派樂亭李振宇地師，能觀墳塋的地圖，即知何房當發、衰敗及在何年應驗，論墳穴後人之吉凶，有如親自目睹一樣。馬氏隨即起程往北京拜訪，但李師已離開了福主姚伯昂總憲處。
公元 1847 年	35 歲	道光 28 年 丁未年	時在內蒙古，姚氏來信謂李師已到了北京，馬泰青立刻辭卻高薪之工作，即時回京，祈請李師收他為徒，卻被李師拒絕。於是請求姚總憲給李師為他極力推介。

公元紀年	虛齡歲數	古代紀年	活動事跡
公元 1847 年 至 1848 年	35 歲 至 36 歲	道光 27 年 丁未年 至 道光 28 年 戊申年	馬氏在三番四次之請求下，始得獲允許收為門下弟子，並與李振宇師父立約，誓不將三元元空風水學問濫傳。後從李師從遊年餘，乃盡得李師真傳，後又覆驗舊墳數年，始無疑惑，自嘆得真訣之難。
公元 1848 年 至 1866 年	36 歲 至 54 歲	道光 28 年 戊申年 至 同治 5 年 丙寅年	馬泰青先生離開李師遊蘇州、揚州市、姑蘇、北至內蒙，考察古墳、帝蹟、皇陵達 18 年之久，至 54 歲，他只略知大概，粗略地認識其風水的作用，卻未能精微深入。 後馬氏經過刻苦研究後，曾親見六種山地形勢，南方之「高山、大壠、平崗」，北方之「平原、平陽、水鄉」，於是對於風水巒頭理氣皆能精湛，為親友們點穴造葬，甚有吉應，且有速效。

公元紀元	虛齡歲數	古代紀年	活動事跡
公元 1864 年	52 歲	同治 3 年 甲子年	馬泰青與其兄馬介青之學友張承華先生，在鄉間安徽省桐城市里門相遇，張氏亦曾習風水二十多年，兩人遂成為好友，且張君自卜之墳穴，亦請馬泰青先生為他作鑑證。張承華並勸請馬泰青將所得真傳著書，以傳後世，惠及未來學風水之人。 馬泰青對於愛好風水者對他的提問，以問答形式寫成一書，名《地理辨惑》六十條，於是人們互相抄錄，並流傳於坊間。
公元 1866 年	54 歲	同治 5 年 丙寅年	人們閱讀此書後，有兩位客人冒言登訪求教真訣，其中一人聽後慚愧憤怒而去，另一人恭謹畏懼地求教。於是乎，便相繼與此客人之問題作答，後再得四十條問答。

公元紀元	虛齡歲數	古代紀年	活動事跡
公元 1866 年	54 歲	同治 5 年 丙寅年	是年秋天，編成《三元地理辨惑》〈上下卷〉，共一百條答問，並得張承華作序文，繼而流傳於抄錄者之手中。
公元 1888 年	（76 歲） ?	光緒 14 年 戊子年	有小杜氏陳詩先生，在其友人蔣潤生處， 得到來自安徽省處之《三元地理辨惑》，時在粵東坊間無此售本，杜陳詩先生眾多同道爭相索觀看，抄寫後仍然不足需求，於是杜陳詩即交付予刻版印刷，以廣傳後世。
公元 1890 年	?	光緒 16 年 庚寅年	是年秋天，杜陳詩公開出版《三元地理辨惑》，廣傳流通。是年公元 1890 年，馬泰清先生如果健在的話，虛齡為七十八歲。

（十九）元祝垚風水明師生平事蹟

繼大師撰

元祝垚，皞農氏，名又元子，出生日期不詳，他的活動記錄於 1873 年之前求風水之正法，假設於廿至卅歲時求法，估計約出生於 1843 至 1853 年間，他聽聞中州高峪巷說，有三元地理五經秘本，錄於《地理辨正疏》內，是在道光七年 1827 年丁亥年出版，由張心言地師疏解蔣大鴻註黃石公傳赤松子述義、楊筠松、曾求己所著之五經，是正宗之三元理氣經典。

元氏在坊間四處搜找不獲，至癸酉年（1873 年）秋天始覓得，於是日夜研究，終年不輟，只知其大概，其精髓始終不得。張心言地師疏解詳盡，有卦圖解釋，闡釋卦理，但使用之法，收龍之訣，未曾清楚寫出。

元氏覺得這樣會令讀者容易誤解，無從入手，於是元氏研究周易講義，從京房、王弼、魏伯陽等名家所著之書籍，後始得知三元易卦之理。元祝垚地師極尊崇張心言地師，並謂有幸出生於張氏之後，而得讀其書，元氏謂：**「將率萬世學者。同執第子禮於張子靈。」**

後元氏自著《陽宅覺》內有述說他本人的生平事蹟，於1917年丁巳年，元祝垚地師居天津里門，取《地理辨正疏》、《歸厚錄》、《天元歌》作出批論，公開其秘密，並自著《囫圇語》、《陽宅覺》共五種，共成一書，共十二卷，編成一書名《棣華堂地學五種》，並於1918年戊午年出版，可謂繼張心言地師之後公開最多三元卦理秘密的一位地師。

當初元祝垚地師未得真傳時，家舊宅坎，坤方開門，居住此地方甚為順適，當時有風水時師說門與主屋不合，門要移改，其兄長相信庸師所說，聘請當時的風水名師李相勘察，李地師與各庸師所說相同，謂必須移改大門於東南角。李師在宅外四週勘察。元氏居此宅之東南角，正當胡同小路北來，後向東折去，李地師即令直向東折胡同方開門。

元氏兄長相信李地師所說，便改大門位置，元氏當時雖知陰陽之理，但當時他衹學習風水之「遊年」俗術，亦不知他們所說的是偽術。移改大門後數月，元氏母親便得病，病情漸重不起，翌年元氏母親因病逝世，之後元氏之大嫂又逝世，其夫人又得重病。先後死了兩人，其姪兒亦重病甚危，以致遷居親戚家中休養，後得病愈。

此事發生後，元氏開始懷疑改門後壞了風水，但不知其原因，當時其兄長跟隨他家姊之做官丈夫宦遊江西。元氏不敢擅自改動，其後多人患病連綿，諸事不順，後元氏與大屋中的子姪商定，把門移回舊處，始得平安，但仍然不解其原因。

元祝垚地師曾為父親卜地，（約為1873年間）請河南高峪庵定穴，當開土至三尺時，見有五個像一團花的貌形正在穴心，大眾以為有異象，並認為是好事，但葬下二十多年（約為1893至1898年間），種種事情不順，之後便遷葬他處。據元氏得了真傳後，由經驗所得，證明平地斷無太極暈之理，並說切勿聽時師煽惑。

自從元氏得了風水真傳之後，始知道災害因卦氣而起，但並不關理氣之衰旺，是形勢之配合而定出吉凶，元氏發覺他的陽宅大門，有胡同從來北來，而且非常長，到門前東折而去，往來之炁到此折身，其折身之氣强暴，壓入宅中，所以有凶應，元氏認為相宅在於形勢，配合理氣，甚為重要。

其後元氏給人相宅，所得種種經驗、實例個案，筆之於書，名《陽宅覺》，加入書內。

由元氏求法開始，估計元氏出生於1843至1853年間，至1918年戊午年出版《玄空真解》，按照其活動期間，約有70歲至80多歲高齡，曾於乙未年（1895年）秋天在畿南為田氏造葬。

繼大師註：畿南，即今海河以南、沿南運河兩岸的河北省東南部，以及山東省德州市東部地區。

元祝垚是十九至廿世紀一位真得三元理氣之風水師。其門人弟子有周繼先、陳元亮，並在書內之卷首內撰寫《讀法二則》及弟子張蔭堂註解元氏本人的《陽宅覺》，後又得清末張彩鳳地師編纂加註，名《玄空真解》，其後此書得以流傳。

明末清初蔣大鴻在坊間搜集三元秘本，並註解黃石公、楊筠松、曾求己等明師所著之五經，清中葉得張心言地師疏解並加卦圖於首卷，後在清末元祝垚加上自己著作及經驗再詳細註解，民初有張彩鳳地師再編纂，歷代均有名家續其法脈，此三元理氣秘法傳承不斷，註者繼大師在此祝願三元元空大卦理氣繼續傳承下去。

《本篇完》

（二十）劉仙舫風水明師略傳與《元空真秘》

繼大師

署名無際山人著《三元玄空大卦秘傳》（武陵出版社印行）第 67 頁內說：「〈通卦卦表〉可參考劉仙舫所著《元空真秘》」。又孔昭蘇地師所編著的《孔氏易盤易解》（集文書局印行）第 51 頁內，提到劉仙舫傳劉春之秘本《元空真秘》一書，據說內容是明、國師孫長庚遺著，書內有很多卦圖圖表及某些立論，亦與《元空真秘》相同。

見這些三元元空大卦的風水前輩們，都很欣賞劉仙舫在 1908 年所著之《元空真秘》，並視為秘本而收藏。坊間所流通的《元空真秘》版本多為陳木溪先生之手抄本，由其師吳勵生所抄錄。因劉仙舫之秘本有不少錯漏字體及缺頁，凌亂不堪。筆者繼大師遂註解此書，在編排及整理上花了大量時間，排版及對稿修正時，閱讀了很多次。從劉仙舫地師及其軍中同僚吳祥先生的自序中，得知劉氏學習風水的緣由。

劉仙舫地師為清末廣東梅縣大埔人士，約生於清、同治年間（1860 年至 1865 年間），自幼被祖母棄養，祖母死後，被庸妄之地師造葬，因葬得凶地後引致他父親死亡，幾乎劉氏全族人都滅絕。他深信風水之力，對後代影響深遠，非常痛恨當時不學無術的庸師，因此他發願把真正的風水學問深究精通，以安葬自己祖先骨骸於吉地上。這與風水祖師蔣大鴻先生的遭遇相似。

在香港八十年代，有一位頗有名氣的老地師給他一位經商的學生做陰宅祖墳，做後生意大敗，結業及破產收場；這位學生非常憤怒，後自印宣傳單張，說老地師做錯山墳引致生意大敗，並到處張貼及派發單張，事件引起社會各界人士關注。

其後這位學生發憤圖強，要把風水學好，不惜到江西三僚村跟楊公弟子的後人學習風水，其後又捐錢助建三僚村曾姓所啟建的新楊公廟，多年後成為香港有名的職業風水師，學生達萬人以上。發生這樣錯造風水的事件，沒有搞出人命，已經算不幸中之大幸；筆者繼大師觀見此種事情，歷代以來，屢次發生，不過沒有伸訴的空間吧了！

劉氏在清、光緒七年至九年間（1881年至1883年間），約18至20歲時便從軍而去（當清兵），因公事，常出差於閩南、江西贛州、廣東及台灣各省等地。在工餘時間，常尋訪風水名家，每至一地，必打探當地的風水師，繼而登門拜訪，瞭解其所學，孝証穴地的尅應是否靈驗。他曾跟隨過的風水地師，先後共24人，故此日久便能知風水之真偽，自覺得真傳者僅得兩人而矣，其餘的都是時師及偽師。

劉氏當時為刺史的職位，一次因公事，偶遇梅鎮守使，時任南韶連總鎮的吳星亭先生，為劉氏十多年的下屬，因劉氏對風水的見識日廣，得知吳氏為得真傳的三元地師，感嘆天下庸師之多，而明師難遇難求，現得以知遇明師，遂拜吳星亭為師。

（繼大師註：「刺史」是各地方的重要官員之一，原爲朝廷派駐地方的監察官，後沿用爲地方官職名稱。「刺」是檢核問事的意思，即監察之職，「史」爲「御史」之意，相信在滿清光緒年間，其官職頗高，相信劉氏遠祖必得吉穴，只是近祖之祖母凶葬而矣。）

劉氏將吳星亭先生所傳的風水口訣緊記，一有空閒時間，便閱讀明師所著的風水書籍，將《撼龍經》、

《疑龍經》及《地理辨正疏》內之《青囊經》、《青囊序》、《青囊奧語》、《天玉經》、《都天寶照經》等經典全部背熟，且牢記於心；考察名墓、城池古蹟逹卅多年，行軍其間，順路考察所經過地方的名墳、廟宇及古寺不知多少，在跟隨吳師學習期間，每考察一地，必做筆記，考核其吉凶之應驗。

在日積月累之下，便將其師吳星亭先生口傳的心要秘訣於 1908 年寫成《元空真秘》一書，由於吳師囑咐他把此書流通於坊間，此書並於 1920 年出版，後失傳於坊間，只能在得此真傳之風水地師中輾轉抄錄流傳，並在他們後代子孫家中收藏及傳播，視為家傳之寶。

劉氏的求法學藝的精神，相當於蔣氏當年以卅年時間深研風水，劉氏亦用上卅年去考察古墳皇陵帝蹟。難怪蔣大鴻先師在《天元歌》〈三章〉末中自嘆曰：

杜陵狂客不勝愁。
四十無家浿白頭。
只爲尋山貪斡氣。
蒼苔古道漫淹留。

蔣氏又在《天元歌》〈一章〉云：「蔣生二十慈親喪。幾度拜人求吉葬。家破皆因買地差。身衰半為尋師浪。」

可想古人風水明師既得真傳，亦須花上大量時間及心力去鑽研，考核証驗之下，風水之真偽可立見。筆者繼大師感嘆三元風水真道的難遇難求，相信人有善心善願，心存正道而行之，則皇天不負有心人也，追求風水真道者，終會如願以償，不過，一切都講求緣份。

（繼大師註：為了三元風水真道之傳播，筆者繼大師註解《元空真秘》一書，費盡心血，用上大半年時間，日夜註解，並加上自著三篇的三元風水口訣於書後，並繪劃新編之卦圖；排稿、對稿、穿線釘裝造書等工作，除繪製卦圖圖表出書版的做稿之外，其餘全由註者繼大師一手包辦。

因原版書價非常昂貴，網上版也要三至四萬元人民幣，實際賣價亦要二萬元。註者繼大師現重新整理、註解、編輯及校對，卦圖圖表精緻，全套共三冊，線裝書本人手釘裝，全套各本每冊均超過 150 頁，A5 大小，訂價一千五百港元。分為：

（一）《元空真祕》原著

（二）《元空真祕》註解上冊

（三）《元空真祕》註解下冊

全套共三冊之《元空真祕》書籍，被視為三元名家祕典，因讀此書的人較少，故此會限量出版發售，約出版一百套左右，亦會視乎讀者之需求而定，於二〇二二年壬寅年初出版，此套三元理氣書籍，極有收藏價值。）

《本篇完》

（廿一）吳勵生風水明師生平事蹟

繼大師

在辛丑年頭（2021年）至壬寅年中（2022年）之間，筆者繼大師整整用了一年多的時間，打稿、編輯及註解了劉仙舫地師所著的《元空真秘》一書，連原著共三冊，在壬寅年中出版。由於註解此書，故閱讀了很多遍，此版本由吳勵生地師所擁有，並流傳於坊間。

由於吳勵生的祖父輩，與劉仙舫地師為好友，因而得到先祖傳下此祕本，加上吳勵生喜愛風水，後來成為風水明師。

一九六七年丁未年，吳勵生地師到台灣給人家做風水，時有陳木溪先生（字少谷，約生於1918年）為台灣彰化磚瓦工廠商人，18歲起（1936年），做磚瓦工廠生意，至1967年已卅多年，因客人修造祖墳，時常訂購沙磚瓦等建築材料，因蓋房宅及需要磚瓦造墓墳，泥水師、地理師碰頭機會很多，故認識了吳勵生地師。

公元一九六七年丁未年陳木溪先生（是年虛齡50歲）有機緣拜吳勵生先生為風水師父。

據《元空真秘》編輯者陳木溪撰〈抄後語 〉內所說，於 1967 年他聽聞吳勵生地師來台，姑且一信，並書一信給吳地師，想求風水真道，請示規矩，祈望能學成之後，能找得吉地，以安葬他自己祖先骨骸。筆者繼大師茲將陳木溪撰〈抄後語 〉末段錄之如下：

「吳地師回信大意曰：

念親骸學地以安親之誠可嘉，地理爲道德事業，未見其人，即談學道，未免言之過早，有誠可先聘之，覓地尋穴，再作定奪。

吳師之意，甚是審慎，無非先觀其人，審察善惡，非有立德之人，莫傳之旨也。余（陳木溪）得是書，更加佩服，經數天，即專誠上府趨訪，謁見立貌慈祥，德學兼優，頭國口方，一福相老道者也，鶴齡亦以家父（陳木溪父親）相近之年紀。

一二個月，來經數次，遊山玩水，寢食一共。尋龍踏脈，攷鑒舊墳廢塚，理氣之明，覓地之詳，不馬虎，不草率；認形勢之精，察巒頭之妙，無不精微，學問淵博，正是道德學全，上乘之師也，真可爲余（陳木溪）師矣。賜余此書秘本抄錄，際此本書抄錄已備，爰爲記念，誌之，爲抄後語。」

陳氏從吳師之處，抄錄劉仙舫著《元空真秘》祕本，後由鄭大森先生所藏，視為珍藏秘本，後流通於坊間個別三元派系同門弟子手中。

總括一句，現時在訪間流通之《元空真秘》秘本多出自於吳勵生地師手裡，流行於台灣。另一個版本，是一九二〇年由劉仙舫出版的原著版本，因為此書屬古董書籍，現時（2022年）在網上發售，叫價四萬元人民幣，實銷價錢二萬元，流行於國內。

吳勵生地師曾著《地理哲學真詮》（台灣彰化陳木溪藏書），並將自著〈零正催照四神篇〉附於《元空真秘》內，可惜已被刪除。筆者繼大師唯有加上自著《零正催照四神原理》以補此篇〈零正催照四神篇〉，亦附加〈大小三元九運之説〉、〈元運紀年表〉、〈元運宮位的收山收水秘法〉共三篇，使《元空真秘》內容完整無缺。

筆者繼大師由於註解這本書，因而認識了吳勵生地師的名字，某日到元朗雞公嶺下考察一穴，偶然間發現一墳穴，碑上刻上「地師豐順吳勵生」字樣，始知這墳穴是吳地師所重修的，剛好手機 WhatsApp

傳來師兄的訊息，謂收到某同門師弟的投訴，指控筆者繼大師註解《元空真秘》洩露呂氏本門風水秘密，興師問罪，天誅地滅，罪狀非常嚴重。相應了三件事：

（一）註解劉仙舫著《元空真秘》，此書由他的傳人吳勵生地師手裡流傳於坊間。

（二）考察了此秘本傳人吳勵生地師所造葬的墓穴。

（三）因註解此書，而剛好在吳勵生地師所造葬的墓穴上，收到 WhatsApp 口訊，遭同門師兄弟控訴，謂洩露 呂氏本門秘密。

原來註解《元空真秘》後，會帶來了這樣的因緣，不知是好還是壞！由於考察吳勵生地師造葬墓地，得知吳地師祖籍為豐順縣人。

豐順位於中國廣東省東部，屬於梅州市管轄，古代潮州八邑之一，東邊與潮州市潮安區相鄰，南邊與揭陽市揭東區、揭西縣相鄰，西邊與五華縣、興寧市相鄰，北邊與梅縣區、梅江區、大埔縣相連。

由於豐順縣與北邊之梅州大埔縣相連，劉仙舫地師是大埔縣人，故吳勵生祖父與劉仙舫生活在同一地域，同屬梅州市管轄，可算是鄰鄉，兩人且是深交。

剛好劉仙舫的風水師父是其同僚下屬吳星亭地師，兩者同姓，不排除吳星亭與吳勵生有血緣關係。

筆者繼大師曾於一九九五年冬到大埔縣大埔壩與劉氏義務協助重修劉氏祖墳，名「赤蛇繞印穴」，與大埔壩劉氏頗有因緣。

一九四九年己丑年正月，吳勵生地師應元朗吳家村吳先生之邀請，(吳氏祖籍梅縣蕉嶺) 為其父吳郁青先生、曾蓮華夫人 (吳母) 之合葬墳穴造葬。地點在元朗大江埔雞公嶺下，壬山丙向兼子午向度。

(繼大師註：吳郁青，別名：「敏順、順才」。元朗錦田吳家村郁青別墅主人，聞說因造葬日課問題，死後六年始造葬。吳郁青父親名吳清亭，是一位樂善好施的商人及大慈善家，兩者名字之讀音差不多，但他並非是劉仙舫地師的風水師父吳星亭。)

吳勵生地師在此穴後方正靠金形主峰來脈處，正正墳穴後方約十五至廿米處，在一漸斜的山披上，建一龍神碑，碑上刻上「吳山來龍」，近碑頂坐山為水地比卦䷇，碑文石碑變形，碑下相差約二、三爻，後方正靠金形主峰。

吳勵生地師又在墳穴之白虎方，建一后土神，石碑書上「吳山后土」，坐山為天地否䷋，正收大帽山主峰之圓金形星峰，尅應後代出律師及商人。

筆者繼大師曾考察過不少陰宅結穴，除本門 呂師外，筆者很少得見其他地師在來龍脈氣處加造來龍之龍神碑，以此承接脈氣，加旺龍神以曾加後代之壽元。

此墳穴是筆者第二次所見到本門以外的三元派系地師所豎立以承接來龍之龍神碑。此墳穴由吳勵生地師造葬後，尅應了葬者吳氏兒子，九十多歲在辛丑年始離世，算是一位長壽老人。

吳勵生地師於一九五一年辛卯年一月廿一日，到香港元朗，應鄧氏廿四世祖所聘，為鄧氏廿三世鄧乾業先生墳穴重修，地名「石凹地」形為「瓦筒流珠」，為乾山巽向兼戌辰，坐山為天地否卦䷋。

當筆者繼大師在元朗大江埔考察穴地時，發覺那裡有不少穴地，雖然穴向非三元地師的手筆，但所葬之人，很多是姓吳的，且是豐順人，這條村姓吳的村民由豐順縣遷徙到大江埔村，不排除他們與吳勵生地師有關聯。

筆者繼大師考察完三元地理明師吳勵生先生所重修的兩個墳穴後，覺得自己非常榮幸，能夠出版註解由吳勵生地師所傳下來的劉仙舫著《元空真祕》一書，自此半年後，後竟然在一個月內（2022 年 12 月），連續兩次發現吳勵生地師在香港元朗所造葬的兩個墳穴，考証吳師的陰宅修造技術，實在令晚輩非常敬佩。

其中的吳氏祖墳，葬者吳郁青先生夫婦的男孫，竟然是筆者繼大師認識多年明友住在同一村內的鄰居，是現時郁青別墅主人，本人亦認識他，亦曾孝察過郁青別墅陽宅平陽結穴的結作，雖不知是何位明師的傑作，但郁青別墅在選地、造作及立向工夫上，均是一流的風水高手。

筆者繼大師雖然認識吳先生，但竟然不知道他祖父母墳穴是由吳勵生地師所重修的。若然本人沒有註解《元空真祕》，亦不會知道吳勵生的名字。記得本人以前亦考察過「瓦簡流珠」墳穴，但不知道吳勵生地師是誰。

這次的經歷，自覺在時間上的安排，非常巧合，順着巧遇的緣份，能了解明師的背景及所重修墳穴的造作工夫，真是一個大好的因緣，期望《元空真祕》一書能傳承下去，使有心人能夠有所得着，感恩！一切都是最美好的安排。

《本篇完》

瓦簡流珠穴碑文

吳勵生地師於一九五一年正月廿一日
重修瓦簡流珠穴

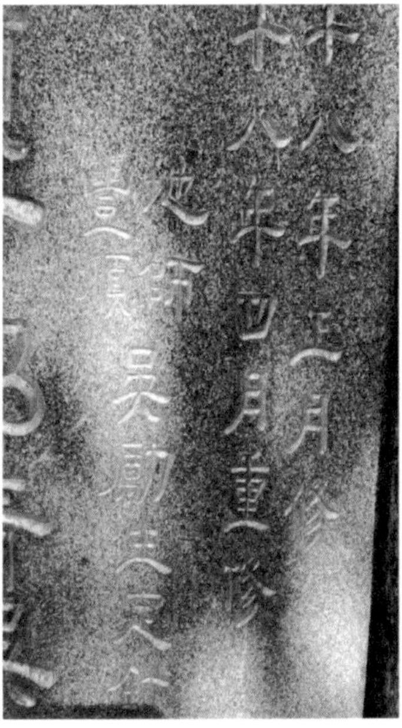

吳氏祖墳碑文（民國四十八年修）

吳勵生地師於一九四九年
第一次重修吳氏祖墳

郁青別墅

郁青別墅入口

（廿二）孔昭蘇風水明師生平略傳

繼大師

孔昭蘇地師著有《孔氏易盤易解》，卷首有介紹自己的生平，筆者繼大師將自己所知道的，撰寫他的生平略傳如下：

無常派風水地師孔昭蘇先生，字聖裔，號昨非，廣東省五華縣人，生於光緒 30 年（1904 年甲辰年），廣州法學院法學士，歷任廣州、梧州、汕頭、中山民國日報副刊主任及總編輯，五華縣立第一第二中學校長，五華縣銀行董事長，中國國民黨廣東省黨部總幹事，廣東省國民軍訓委員會兼任委員，民生航業公司董事長兼總經理，香港宇宙詩壇顧問，崇真書院教授等職位。

自幼愛好研究堪輿之學，曾先後赴廣東、桂林、蘇州及平津等地，曾跟隨三合、三元、玄空大卦等地師達廿餘人，研讀古今易學名著二百餘部，暨各種地理書籍百餘部，積卅餘年經驗心得，編著《孔氏易盤易解》、《孔氏玄空寶鑑》、《陽宅秘旨》、《選擇秘要》、《天元烏兔經直解》、《易學闡微》，共九十多萬字，由台北市集文書局公開出版。

孔氏一生追求三元派的風水真道，一九四九年解放之前，遊遍中國大江南北，蒐集三元卦理秘本書籍，其中坊間出版之由馬泰青著《三元地理辨惑》，其原裝版本亦出自於孔氏收藏書籍之一。

孔氏未習蔣氏元空大卦之前，曾先後從師六人，研究張心言所撰寫蔣大鴻的《地理辨正疏》，計抄有《辨正秘訣》、《辨正真解》、《辨正透解》、《辨正探原》、《辨正卅六訣》等六種易卦秘本，自言有驗有不驗。

他認為張心言所說，並非蔣氏真傳，不惜以重資及長途跋跡之苦，再訪尋明師，求授玄空真訣，後隨章仲山傳人習無常派易卦之薪傳口授，無常派者即無錫常州之謂也。並認為張氏誤解蔣公之著。(筆者繼大師並不苟同，這是個人取向，最重要的是有證有驗。)

一九四九年大陸解放後，曾居於香港荃灣，最後定居台灣，一九七八年七十四歲時出版自著編輯《孔氏易盤易解》，由集文圖書公司出版，其中有六成內容是錄自於清末民初劉仙舫地師於一九〇八年所著，並於一九二〇年出版的《元空真秘》。孔氏於一九八一年辛酉年九月在台灣逝世，享年虛齡七十八歲。

孔昭蘇地師一生追求風水真道，尋訪明師，搜尋秘本，努力研究，可惜他不認同張心言地師的見解，並以無常派章仲山地師為宗，馬泰青地師曾批評章氏只得理氣而疏忽於巒頭，以致得富人萬兩金而不能給人家點得吉地。

筆者有一同門師兄弟，原來是孔氏的外甥，可惜只隨呂師學習了兩年便離去。孔氏居住在香港荃灣時，有同門師兄說，他曾與筆者繼大師恩師 呂氏有來往，他並沒有門戶之見，聞說將其《辨正卅六訣》易卦秘本共同研究，可謂是一位心量寬大的地師，令人欽佩和敬仰。

《本篇完》

（廿三）呂克明風水明師年譜

繼大師

於一九九六年（丙子年）陽曆十二月，在風水天地〈卷56〉登出由白鶴鳴先生主筆，朱偉楠先生口述，關於恩師 呂克明先生生前從事風水的歷史。楠叔生於1929年，比 呂師年長七年，曾經多次與 呂師及筆者繼大師一同考察穴地，楠叔於2015年尾過世，其叔朱晉三老先生為 呂師之擇日啟蒙老師。

呂師一生點穴造葬或重修之穴地不少，一般地師立向定針，都會將自己名字刻在墳碑上。但 呂師不同，當他認為重修立向之碑墳並非是真能結穴，或是一卦普通穴地時，在碑上他都不留名字，如 呂師重修雷公田村蓮花地馮氏祖墳，並沒有刻上定針地師的名字。

呂師教導第三屆同門及筆者繼大師時約四年，之後筆者時常探訪他，並隨恩師作不定期的勘察穴地，前後九年。曾經有數次，呂師帶着同門及筆者繼大師安碑立向定針，有文氏、馮氏及盧氏等地，令我弟子眾等，有機會實地學習，用心良苦。反觀現時能夠跟隨明師在香港地方點穴造葬及安碑立向的機會已經非常少了。

呂師的童年事蹟，由他的親大妹妹親自向筆者繼大師口述。另外筆者隨 呂師學習及相處期間的所見所聞，撰寫成年譜，與各讀者分享。

呂克明先師年譜

公元紀年	干支	年歲	活動事跡
一九三六年	丙子	一歲	生於陽曆十一月十五日早子時，於香港元朗錦田一間醫院出生，為呂冠儔先生長子，生母魏慶華女士（爲人慈祥和藹，她叫筆者繼大師稱她爲「姑婆」）。
一九四二年	壬午	六歲	是年冬天，日本佔據香港，呂師隨父親走難回鄉，住廣西陸川丹竹根，在桂林中山路讀書。
一九四三年	癸未	七歲	隨父親及受供養的家中地師一同行山，察看風水穴地。
一九四五年	乙酉	九歲	二次大戰結束，日本投降，呂師隨父回港。

公元紀年	干支	年歲	活動事跡
一九四八年	戊子	十二歲	定居香港元朗牛潭尾上村，隨鄰居朱晋三老先生學習正五行擇日法，為呂師的擇日啟蒙老師。
一九五〇年至一九五二年	庚寅至壬辰	十四歲至十六歲	父親農場所養豬隻染上豬瘟，因此而結束生意。後隨父親學習風水巒頭功夫，父親曾在牛潭尾之雞公嶺山下點了一「大肚佛穴」，由父親親自教授他點穴功夫。(穴地現時已遭破壞)
一九五二年至一九五五年	壬辰至乙未	十六歲至十九歲	隨同鄉前國民黨司長李瑞金，外號「睇穿石」學習風水巒頭功夫。呂師於一九五四年將自己所學之正五行擇日法各種格局作了筆記，並加以整理，時其七姑姐呂端青請他擇日安牀。
一九六〇年	庚子	廿四歲	隨張明先生學習紫白訣、八宅及元空大卦，又隨張先生及曾任蕉徑村村長的李時逢先生一起行山及勘察古墳名穴。

公元紀年	干支	年歲	活動事跡
一九六三至一九七三年	癸卯至壬子	廿七歲至卅六歲	苦讀三元玄空大卦秘典及《地理辨正疏》，並作少部份註解。
一九六六年	丙午	卅歲	為張氏黃氏點「旗形令字穴」，並安龍神碑及造葬定針。為文氏重修「飛鳳朝陽」定針立向。
一九七〇年至一九七五年	庚戌至乙卯	卅四歲至卅九歲	得到劉江東後人劉老伯傳授風水秘本《洩天機卅六訣》及巒頭功夫。
一九七一年	辛亥	卅五歲	十月為新界文公及黃氏造葬點穴「眠牛腹穴」，撰寫碑文詞句，題「養浩堂」於碑頂。

公元紀年	干支	年歲	活動事跡
一九七三年	癸丑	卅七歲	於仲秋為新界文姓廿二、廿三及廿四世祖點葬於洲頭鐵坑淡水井之「倒地葫蘆穴」，安龍神碑及撰寫碑文。墳穴造葬期間，父親病逝，並葬於牛潭尾後之紅花山。
一九七五年	乙卯	卅九歲	江西三僚村廖金精後人廖弼民先生來港，並指導呂師風水心法秘訣。
一九七六年	丙辰	四十歲	仲秋為林應揮公、謝氏、詹氏及范氏等人點葬「飛馬搖鈴穴」。 為文氏十六世祖文立觀、鄭氏及十八世祖文大綱、劉氏在楊柑坑重修「雄鷹拍翼穴」，並撰寫重修碑文。 香港風水名宿南海主人關鳳翔先生題贈墨寶。

江西三僚村廖金精後人廖弼民先生於一九七五年來港，指導呂師風水秘訣。
於一九七八年，香港八字大師韋千里先生（時年七十五歲）登門造訪，並隨呂師學習風水。

江西三僚村廖弼民地師

呂師與韋千里老先生行山時攝

呂師於一九八九年十月十七日攝於江西山僚村

一九八九年十月江西風水遊踪團

公元紀年	干支	年歲	活動事跡
一九七六至一九七八年	丙辰至戊午	四十歲至四十二歲	易學大師孔昭蘇先生在這期間剛好由台灣到香港，並登門造訪，暢談風水易卦及巒頭學問。
一九七八年	戊午	四十二歲	為新界文姓十四、十五世祖在新田重修蛇地及定向，後呂師身體不適。 時有香港八字大師韋千里先生（時年七十五歲）登門造訪，並隨呂師學習風水，因韋生年紀太大，不能行山看穴地，故上了數堂便停止，呂師並將學費全數退回
一九七九年	己未	四十三歲	為新界鄧氏廿二世祖黃氏重修「牛鼻雙孔穴」。

公元紀年	干支	年歲	活動事跡
一九八三年	癸亥	四十七歲	收錄一屆風水班學生共約九人。同年十二月為父親點穴遷葬於「狸貓戲鼠穴」。同年為電影「風生水起」一片作顧問。
一九八五年	乙丑	四十九歲	收錄第二屆風水班學生共約七人。
一九八七年	丁卯	五十一歲	收錄第三屆風水班學生（最後一屆）共約十四人，連胞妹「翠馨」及筆者本人。 同年秋天，應元朗錦田水尾村村長（新界鄧氏後人）鄧炳財先生之邀請，與第二及第三屆學生一同考察東莞石井宋八世祖皇姑墳「獅子滾球穴」和皇姑家翁墳穴。
一九八九年	已巳	五十三歲	為第三屆徒弟鍾師兄父親點穴造葬「蝎子穴」，並立向定針。 九月，為盧先生祖先共五人在藍地亦園點葬定針。同年十月，率第三屆弟子共十人，前往江西興國縣梅窖鎮三僚村楊公廟朝聖。

公元紀年	干支	年歲	活動事跡
一九九〇年	庚午	五十四歲	在香港大帽山腳雷公田村重修雙墳式之蓮花地。
一九九一年	辛未	五十五歲	為談氏點穴造葬於牛潭尾軍營之山崗頂上。 為文氏廿二、廿三世祖文禮堂、鄧氏、陳氏、文澤崇、鄧氏、施氏等祖先，重修在新田之「仙人弈棋」祖墳，並撰寫碑文。
一九九二年	壬申	五十六歲	應香港徐導演邀請，繼「風生水起」後再以「霸王卸甲」電影作風水顧問。同年母親魏氏過世。
一九九三年	癸酉	五十七歲	與好友朱偉楠先生親戚，朱氏祖先點穴造葬，穴墓在牛潭尾後面白虎方點葬「蝙蝠地」。 同年十月，呂師為李氏在打鼓嶺重修祖墳「鯰魚過水穴」，是平陽地結穴。

公元紀年	干支	年歲	活動事跡
一九九三年	癸酉	五十七歲	同年仲冬，應劉氏父子到梅縣大埔壩土名「寨仔崗」頂，重修劉氏遠祖山頂騎龍穴地。又點取「祥雲拱日穴」給劉父兄長作衣冠塚，後再勘察劉氏另一祖墳「赤蛇繞印」穴。 在深圳大鵬灣點兩穴平安地給劉老先生，及劉先生之外父備用。
一九九四年	甲戌	五十八歲	為朱偉楠先生父親朱壽祺老先生點穴造葬，並與第三屆徒弟一同到惠州楊村河背山點「美女梳妝穴」，碑頂題上「壽南台」。
一九九五年	乙亥	五十九歲	應劉氏之邀請，重修其祖墳，但因哮喘病重，便差遣第三屆徒弟，為劉氏遠祖重修梅縣大埔壩之「赤蛇繞印穴」。
一九九六年	丙子	六十歲	於陽曆十月廿九日上午七時十五分，於香港屯門醫院病逝，終年六十歲足。

恩師 呂克明先生，一生不慕名利，安貧樂道，點取陰宅吉穴數十處，從來不用風水斂財，性情和藹，忍耐力高，從不發脾氣，與人點穴造葬、重修陰陽二宅、擇日、批八字，多不勝數。

時常撰寫碑文，對中國傳統風水文化貢獻良多，無論巒頭及理氣，其風水造詣，當今難覓，是一位真得三元易盤元空大卦的風水明師，其徒弟卅多人，徒子徒孫，散佈東南亞各地。

《本篇完》

後記

繼大師

繼《風水祖師蔣大鴻史傳》一書後，筆者再將歷代有代表性的三元風水名家作簡略介紹，但因名家太多，不能一一盡錄，只能將在古籍上有記載的風水人物作簡略介紹。如賴布衣（賴文俊）明師的資料不多，大多數在坊間流傳，著名經典為《催官篇》，用廿四山暗說卦理，他是風水中的才子。

蔣氏在他撰寫的《水龍經》一書中亦曾說過，賴布衣曾在浙江紹興住了三年而人們不認識他，沒有賴布衣的幫助，元朝不會興起。相傳在廣東一帶有很多他的風水作品，雖有風水古籍曾提及他，但只作有限度的介紹。電視劇及電影中的賴布衣，都把他神化了，其傳奇故事的真實性存疑，筆者未能撰寫他的生平事蹟，實屬遺憾！

本人撰寫風水明師略傳的目的，是希望人們能以正統學術的心態去看待風水明師，不再以迷信的心態敵視，如近日（2023年2月初）新聞報道，南韓總統尹錫悅上任前找風水師「天公大師」看總統官邸青瓦台風水，總統辦公室從首爾青瓦台遷到國防部大樓，各界人士及傳媒多說是迷信，除了要看地師的真工夫外，國家政策及領導人等，都要配合，這就是一個國家的命運。

凡事有真就有假，真假混合，難以分辨。以風水謀生的人多，以真心追求風水真理的人少。中國歷代有幾人能一生追求真正的風水學理，不慕明利，醉心鑽研呢！就如蔣大鴻祖師化了卅年時間研究，以求達到精益求精的境界，待他的風水造詣全無疑惑之時，已經是一位七十多歲的老人了。

相信筆者未來未必再會撰寫風水明師的生平事蹟，一切看緣份，期望讀者們在學習風水之餘，應當了解古代風水明師的生平事蹟，以他們作為自己的榜樣。

繼大師寫於香港明性洞天

癸卯年孟春初

《全書完》

榮光園有限公司出版 —— 繼大師著作目錄：

已出版：正五行擇日系列

一《正五行擇日精義初階》二《正五行擇日精義中階》

風水巒頭系列 — 三《龍法精義初階》四《龍法精義高階》

正五行擇日系列 — 五《正五行擇日精義進階》六《正五行擇日秘法心要》

七《紫白精義全書初階》八《紫白精義全書高階》九《正五行擇日精義高階》十《擇日風水問答錄》

風水巒頭系列 — 十一《砂法精義一》十二《砂法精義二》

擇日風水系列 — 十三《擇日風水尅應》十四《風水謬論辨正》

風水古籍註解系列 — 十五《三元地理辨惑》馬泰青著 繼大師標點校對

十六《三元地理辨惑白話真解》馬泰青著 繼大師意譯及註解

風水巒頭系列 — 十七《大都會風水秘典》十八《大陽居風水秘典》

三元卦理系列 — 十九《元空真秘》原著及註解上下冊（全套共三冊）劉仙舫著 繼大師註解

風水祖師史傳系列 — 二十《風水祖師蔣大鴻史傳》**三元易盤卦理系列** — 廿一《地理辨正疏》蔣大鴻註及傳姜垚註 張心言疏 繼大師註解（全套共上下兩冊）廿二《地理辨正精華錄》

大地遊踪系列 — 廿三《大地風水遊踪》 廿四《大地風水神異》

廿五《大地風水傳奇》與 廿六《風水巒頭精義》限量修訂版套裝（廿五與廿六全套共二冊）

正五行擇日系列 — 廿七《正五行擇日精義深造》

風水古籍註解系列 — 廿八《千金賦說文圖解》—（穴法真祕）— 劉若谷著 繼大師註解

風水巒頭系列 — 廿九《都會陽居風水精義》 卅《水法精義》

正五行擇日系列 — 卅一《正五行擇日尅應精解》

大地遊踪系列 — 卅二《風水祕義》 卅三《穴法精義》

風水古籍註解系列 — 卅四《奇驗經說文圖解》— 目講師纂 — 繼大師註解

風水祖師史傳系列 — 卅五《風水明師史傳》

未出版：大地遊踪系列 — 卅六《風水靈穴釋義》 卅七《大地墳穴風水》 卅八《香港風水穴地》 卅九《廟宇風水傳奇》 四十《香港廟宇風水》 四十一《港澳廟宇風水》 四十二《中國廟宇風水》 **三元卦理系列** — 四十三《三元地理命卦精解》 **風水古籍註解系列** — 繼大師註解

四十四《青烏經暨風水口義釋義註譯》 四十五《管虢詩括暨葬書釋義註解》

四十六《管氏指蒙雜錄釋義註解》 四十七《雪心賦圖文解義》（全四冊）

榮光園有限公司簡介

榮光園以發揚中華五術為宗旨的文化地方，以出版繼大師所著作的五術書籍為主，首以風水學，次為擇日學。

風水學以三元易卦風水為主，以楊筠松、蔣大鴻、張心言等風水明師為理氣之宗，以巒頭（形勢）為用，擇日以楊筠松祖師的正五行造命擇日法為主。

為闡明中國風水學問，用中國畫的技法劃出山巒，以表達風水上之龍、穴、砂及水的結構，以國畫形式出版，亦將會出版中國經典風水古籍，加上插圖及註解去重新演繹其神韻。

日後榮光園若有新的發展構思，定當向各讀者介紹。

作者簡介

出生於香港的繼大師，年青時熱愛於宗教、五術及音樂藝術，一九八七至一九九六年間，隨呂克明先生學習三元陰陽二宅風水及正五行擇日等學問，於八九年拜師入其門下。

《風水明師史傳》繼大師著

出版社：榮光園有限公司 Wing Kwong Yuen Limited
香港新界葵涌大連排道35 - 41號, 金基工業大厦12字樓D室
Flat D, 12/F, Gold King Industrial Bldg. , 35-41 Tai Lin Pai Rd,
Kwai Chung, N.T., Hong Kong
電話：(852) 6850 1109
電郵：wingkwongyuen@gmail.com
發行：聯合新零售(香港)有限公司 SUP RETAIL (HONG KONG) LIMITED
地址：香港新界荃灣德士古道220～248號荃灣工業中心16樓
16/F, Tsuen Wan Industrial Centre, 220-248 Texaco Road, Tsuen Wan, NT, Hong Kong
電話：(852) 2150 2100
電郵：info@suplogistics.com.hk
印刷：榮光園有限公司 Wing Kwong Yuen Limited

作者：繼大師
繼大師電郵：masterskaitai@gmail.com
繼大師網誌：kaitaimasters.blogspot.hk

《風水明師史傳》繼大師著

ISBN：978-988-76826-0-8
定價：HK$ 250-
版次：2024年4月第一次版

ISNB 978-988-76826-0-8
9 789887 682608